Amitai Etzioni

Jeder nur sich selbst der Nächste?

In der Erziehung Werte vermitteln

Herausgegeben, eingeleitet und mit Kommentaren versehen von Hans Ulrich Nübel

Aus dem Amerikanischen von Klaus Weisner

Herder
Freiburg · Basel · Wien

Gedruckt auf umweltfreundlichem, chlorfrei gebleichtem Papier

Originalausgabe

Umschlaggestaltung und Konzeption:
RME München / Roland Eschlbeck, Liana Tuchel
Umschlagmotiv: © photonica
Satz: Barbara Herrmann, Freiburg
Druck und Bindung: fgb · freiburger graphische betriebe 2001
ISBN 3-451-05146-X

Inhalt

Hans U. Nübel: **Einführung**

Der Universitätsprofessor tritt vom Podium herunter, ein international angesehener Sozial- und Wirtschaftswissenschaftler schreibt Artikel in populären Zeitschriften! Weil ihm die gesellschaftliche Entwicklung ein bedenkliches Muster zeigt, wird er zum Prediger, der aufmerksam machen will: Das Bewusstsein von Verantwortlichkeit dünnt aus, und zwar auf vielen Ebenen, denn er findet:

Es reicht nicht, wenn sich alle, von der Wirtschaft angeführt, nur an wirtschaftlichen Bedürfnissen ausrichten. Nur gemeinsam sind die nicht in Geld messbaren Werte des Zusammenlebens neu aufzurichten. Es stimmt nicht, dass jeder nur sich selbst der Nächste ist!

Dies ist kein wissenschaftliches Buch, aber das Buch eines Wissenschaftlers, der an unmittelbar einsichtigen Beispielen zeigt, dass weder die liberale Position des „Anything goes" noch das konservative Beharren auf einem festen Wertekanon heute zu überzeugenden Lösungen führen. Er setzt eigensinnige Vorschläge dagegen.

Hier sind Beiträge zu Familie, Erziehung, Medien, zu Fragen der Werte und der Weichenstellungen für die Zukunft ausgewählt. In einer von ihm aufgesetzten und von zahlreichen Kollegen unterschriebenen Erklärung heißt es:

Wir wollen, dass der öffentliche Diskurs sich der Sorge um die Zukunft der Nation zuwendet, in deren Mittelpunkt die vitale Tätigkeit der Familien steht. Sich um das Wohlergehen der Kinder zu kümmern, ist die höchste Aufgabe von Eltern, für eine familienfreundliche Umgebung zu sorgen, die der ganzen Gesellschaft, und doch wächst der wirtschaftliche Druck auf die Eltern, besonders die Mütter, und die öffentliche Kultur lässt das Erziehen von Kindern zu einer immer schwereren Herausforderung werden. Allzu vielen Kindern wird die Möglichkeit vorenthalten, sich zu verantwortungsbereiten Erwachsenen und Bürgern zu entwickeln, die selbst *einen Beitrag leisten. Gesundheit und öffentliches Leben werden bedroht – deshalb müssen wir dringend zielgerichtet zusammenwirken, um die Aussichten für unsere Kinder und die Gemeinschaft zu verbessern*.*

Etzioni macht seine Vorschläge zunächst für die US-Gesellschaft; dennoch erlauben sie dem Leser in Europa, weil sie konkret sind, auf entsprechende Erscheinungen in unseren sozialstaatlich verfassten Gesellschaften zu achten, nicht zuletzt angesichts der sich abzeichnenden Aufgabe, in den europäischen Ländern vieles gemeinsam anzugehen. Die vom Herausgeber beigefügten Kommentare wollen nichts weiter sein als erste Anstöße für einen Dialog bei uns.

In der politischen Debatte geht es darum, berufliches und familiäres Engagement für beide Geschlechter gut verträglich zu machen; für Kommunitarier steht im Vordergrund, dass dies um der Kinder willen geschieht; um den Vorrang der Kinder bei den persönlichen Entscheidungen der Eltern soll es gehen – und dementsprechend um eine förderliche Steuer- und Wohnungspolitik, Kindergeld und familienfreundliche Renten.

Es reicht jedoch nicht, politische Ziele anzustreben, wenn sich die Erziehung selbst in der Familie wie in der Schule und in den Medien nicht auf die Internalisierung von Wertvorstellungen konzentriert und diese reflektiert. Die hier vorgedachten Anregungen sprechen auch Singles, scheidungsbedrohte Familien, die familiäre Verantwortung für den Umgang mit Medien und die offenen und geheimen Lehrpläne in den Schulen an. Sie brechen auch nicht ab vor den „letzten" Fragen. Hier berühren sich die politischen Vorstellungen mit religiösen von einem „Gott, der mehr bedeutet als Lieben", einem, der zur Verantwortung ruft. Etzioni erweist sich als „sanfter Moralist".

Es mag befremden, dass in unserer Zusammenstellung vielfältiger aufeinander bezogener Beiträge nach dem Abschnitt über die Familie einer über die Medien steht, noch vor dem über die Schule. Selbst ein Meister im Umgang mit öffentlichen Medien, unterschätzt Etzioni deren Einfluss nicht, und der Leser wird zu-

---

* Communitarian Position Paper on the Family, siehe S. 34 ff.

geben, dass diese auch hierzulande der öffentlichen Schule in vieler Hinsicht den Rang ablaufen.

Manche Leser werden die Auseinandersetzung mit ökologischen Problemfeldern vermissen, die bei uns deutlicher wahrgenommen werden als in den USA, doch das „heiße Eisen" der ethnischen Integration wird nicht ausgespart: Wie bilden Minderheiten eine Nation?

Jeder nur sich selbst der Nächste?

Aus der Bibel kennen wir die Frage: „Wer ist denn mein Nächster?" und die Antwort: Wer selbst zum Nächsten wird, kann das im konkreten Fall genau wissen.

Etzioni kreidet seinem Lehrer Martin Buber an, er biete zu wenig klare moralische Orientierung. Hier spiegele sich „die Abneigung einer von uns überwundenen Epoche, nur die Erfolge und das vorgefundene Gute zu betonen und zu verehren, aber keine moralischen Werturteile vorzunehmen, keine Forderungen zu stellen" (siehe S. 141). Man kann auch sagen, die religiöse Ergriffenheit bei Buber lasse sich nicht ohne weiteres in öffentliche Moralvorstellungen übertragen.

Als Nächster mit Nächsten zusammen zu leben, ist die grundlegende Wert-Forderung, sie ergibt das kommunitarische Grundthema: ins Bewusstsein zu rufen, dass Menschen als verantwortliche Mitglieder von Gemeinschaften zusammengehören.

Gemeinschaften im Vollsinn teilen die grundlegenden Lebensbedingungen; Gruppen erweisen sich in mehr oder weniger starkem Maße als Gemeinschaften: Je aktiver jeder Einzelne teilhat, desto stärker ist die Gemeinschaft.

Darauf zielt auch die Rolle des „öffentlichen Intellektuellen", zum Beispiel Etzioni: Er füllt sie aus durch sein Eintreten für gesellschaftliche Rahmenvorgaben, die es erleichtern oder allererst ermöglichen, dass nicht „die Gesellschaft" oder der Staat für alles zuständig sind, sondern dass jeder auch in eigener Zuständigkeit Erfahrungen als Nächster in seinen jeweiligen Gemeinschaften macht.

Gelegentlich spricht er die eigene Herkunft an: *„Ich wurde 1929 in Köln geboren, im selben Jahr wie Anne Frank. Ich hatte einen echt deutschen Namen: Werner Falk (Später übernahm ich meinen jetzigen hebräischen Namen). Meine erste Kindheitserinnerung ist ein Spaziergang mit meinen Großeltern in einem Wald bei Frankfurt, es war 1935. Wir stießen auf ein Feuer im Wald und schauten aus einiger Entfernung zu. Plötzlich erschienen zwei Lastwagen mit Hitlerjungen, die beim Löschen helfen wollten. Da wurden meine Großeltern von Panik erfasst, und voller Schrecken rannten wir davon. Ich verstand nur wenig von dem, was geschah, aber ihre Angst begleitete mich noch viele Jahre."* *

Sein Ansatz ist einfach: *Gemeinschaftliche Verantwortung beruht auf der Tatsache, dass wir in eine Gemeinschaft hineingeboren werden und ihre Geschichte, ihre Erinnerungen, ihre Identität, ihre Errungenschaften und ihre Misserfolge teilen. Wir sind nicht einfach einzelne menschliche Wesen, die sich hinter einem „Schleier des Nichtwissens" (nach Rawls) verstecken können in unseren universellen Rechten und unserer historischen Unschuld. Wir sind auch Angehörige bestimmter Familien und Gemeinschaften. Es bleibt uns nichts übrig, als ihre Lasten ebenso wie ihre Reichtümer zu teilen, ihre Verantwortung ebenso wie ihre Privilegien."* **

Am 18. November 1991 stellte er das „kommunitarische Programm" vor, das seither auf Tagungen, in der Vierteljahrsschrift „The Responsive Community", durch das Communitarian Network und seit 1998 auch im Deutschsprachigen Kommunitariernetz*** diskutiert und weiter ausgearbeitet wird.

„Pflichten sind in der Gemeinschaft verankert ... die Quelle der Moral mag zwar das individuelle Gewissen sein, aber es sind die Gemeinschaften, die sie verbreiten und durchsetzen helfen."****

---

* A. Etzioni: Der Dritte Weg zu einer guten Gesellschaft. Mikado Verlag, Hamburg 2001

** Ebd.

*** *http://www.dekomnetz.de*

**** A. Etzioni: Die Entdeckung des Gemeinwesens. Das Programm des Kommunitarismus. Fischer TB 1995, S. 298 f.

Gemeinschaften sind Gruppen, die gemeinsame Bindungen aus Zuneigung (ähnlich denjenigen, die Mitglieder einer Großfamilie besitzen) und eine gemeinsame Moralkultur haben (siehe S. 145).

In den laufenden kommunitarischen Dialogen werden Wege erkundet zwischen der Bindung an Werte der Tradition und schrankenloser Offenheit, zwischen Konservatismus und Liberalismus.

Etzioni arbeitet seine konkreten und oft überraschenden Anregungen heraus, indem er die Positionen einander gegenüberstellt und Maßnahmen vorschlägt, die weder dem einen noch dem andern Lager zuzurechnen und doch auf beide sachlich bezogen sind.

***

Übersetzung und Kommentierung entstanden in freundschaftlicher Zusammenarbeit mit dem Übersetzer. Wir widmen dieses Buch den Enkeln Felix Baum (Nübel), geb. 1.7.1992, und Lena Sophie Stapf-Weisner, geb. 1.5.1999.

WERTE

1 Werte! – aber welche?

Intellektuelle sind für Moden ebenso empfänglich wie die Autohersteller, doch etwas weniger als die Hersteller von Krawatten. Gegenwärtig ist der Begriff „civil society", „Zivilgesellschaft" oder „Bürgergesellschaft" außerordentlich chic. Der Gelehrte, den man zitieren muss, ist Bob Putnam. Vom Hauptquartier der Rockefeller Foundation in New York City bis zum getäfelten Speisesaal der Chefetage der Weltbank in Washington D.C. wird seine Untersuchung der italienischen Ortsverwaltungen gerühmt. Putnam fand heraus, dass die reichhaltigen Traditionen bürgerlicher Kultur starke demokratische Institutionen im Norden hervorgebracht haben, während beides im Süden fehlt.

Wer auf dem Laufenden bleiben möchte, aber nicht genügend staatsbürgerliche Verantwortung aufbringt, ein ganzes Buch zu lesen, kann aus Putnams Schlagzeilen heischendem Artikel „Bowling alone" („Man kegelt allein") zitieren.

Ein halbes Dutzend Kolumnisten delektierten sich daran und machten den Amerikanern klar, dass sie dabei seien, ihre Zivilgesellschaft einzubüßen. Die Mitgliedschaft in nahezu allen freiwilligen Vereinigungen ist seit 1960 gesunken. Als Folge davon sind diese vermittelnden Körperschaften, die eine Zwischenstellung zwischen dem Staat und dem Einzelnen einnehmen und unsere Freiheit schützen, geschwächt worden. Das Kegeln dient Putnam als typische Verhaltensweise: Obwohl tatsächlich niemand allein mit sich selbst kegelt, kegeln die Leute gegenwärtig zusammen mit nur wenigen Freunden, statt (wie früher) mit einem ganzen Kegelklub. Gebt daher auf die zunehmende Auflösung eurer Demokratie Acht, warnt Putnam.

Der Ruf nach einer Wiederherstellung der Zivilgesellschaft in Amerika wird gestützt durch eine Vielzahl weiterer Wissenschaftler, die heute Konjunktur haben. (…)

Ich fand gerade in meiner Mailbox einen brandneuen Newsletter mit einer Liste internationaler Veranstaltungen mit dem bescheidenen Titel: „The Civil Society: World Wide" („Die weltweite Zivilgesellschaft“). Wie andere wiederkehrende Moden sind diese Modelle einer guten Gesellschaft durchaus angemessen, aber keineswegs etwas Neues. Sie waren schon große Mode bei den alten Griechen und wurden von den Gründungsvätern übernommen. Sie haben dennoch ihre Attraktivität über die Jahrhunderte hin nicht eingebüßt. Wenn wir uns als Nation weiterentwickeln sollen, werden wir uns untereinander über unseren künftigen Kurs verständigen müssen. Dies wird am besten geschehen, wenn diejenigen, die grundlegend abweichende Ansichten vertreten, dieselben Grundregeln respektieren, die dem respektvollen Umgang miteinander („civility“) in einer Ratsversammlung dienen: Du sollst die Opposition nicht verteufeln, noch sollst du all die Meinungsunterschiede als ein Gefecht um absolute Werte betrachten. Du sollst dich daran erinnern, dass wir als Mitglieder derselben Gemeinschaft weiterhin zusammenarbeiten und miteinander leben müssen, wenn all das Debattengeschrei verklungen ist.

Obwohl die Wiederherstellung und Aufrechterhaltung des zivilisierten Umgangs miteinander („Sie haben die Wahl“; „Bitte nach Ihnen“) ganz sicher erstrebenswert ist, kann die übermäßige Beschäftigung mit Umgangsformen und freiwilligen Vereinigungen nur allzu leicht dazu führen, ernstere, drängendere moralische Themen zu umgehen. Es ist viel leichter, die Tugenden der Höflichkeit zu rühmen, als höflich über die Tugenden zu diskutieren, die wir aufrechterhalten müssen. Präsident Clinton hat es sich kürzlich leicht gemacht, als er sehr weitläufig (in sieben Reden an elf Tagen, wie man nachgezählt hat) über die Notwendigkeit sprach, eine gemeinsame Basis dafür zu finden, was nun die zu praktizierende Höflichkeit eigentlich ist, aber herzlich wenig darüber sagte, worin diese gemeinsame Basis denn bestehen könnte oder sollte. Denn genau hier wird es schwierig.

Als Gesellschaft (wir lassen einmal die Regierung mit ihren Defiziten, Steuern und Verordnungen beiseite) müssen wir mit einer ganzen Reihe von Problemen fertig werden, die die moralische Infrastruktur unseres Landes in Zukunft prägen werden. Gemeinsame Werte setzen sich nicht von alleine durch; wenn sie unser Leben lenken sollen, müssen sie durch bestimmte gesellschaftliche Übereinkünfte aufrechterhalten werden. Unter fortwährendem Ansporn der Sozial-Konservativen, der religiösen Gruppen sowie der Arbeiten mehrerer Sozialwissenschaftler haben die Amerikaner langsam begriffen, dass all diese traditionellen Übereinkünfte sich in Auflösung befinden. Aber es gibt kaum einen Konsens darüber, in welcher Weise man sie wiederherstellen könnte.

Man kann damit aber sehr gut dort beginnen, wo Dan Quayle aufgehört hat: nämlich mit dem allerwichtigsten Element der moralischen Infrastruktur jeder Gesellschaft, der Familie. Es gibt hierfür inzwischen genügend Beweise, die jeden überzeugen können, der überhaupt soziologische Daten gelten lässt, dass es Kindern bei ihren natürlichen Eltern, und zwar bei beiden, besser ergeht – vorausgesetzt, die sonstigen Umstände sind gleich. Einige Konservative möchten daher die Frauen überreden oder sogar dazu drängen, zu Hause zu bleiben. Liberale dagegen argumentieren noch immer, dass jede Kombination von Erwachsenen sich der Kindererziehung widmen kann, angefangen bei Tanten bis hin zu Tagesmüttern. Kommunitarier favorisieren Ehen unter Gleichberechtigten, in denen beide Elternteile dieselben Rechte und dieselben Verantwortungen haben und beide an der Erziehung ihrer Nachkommen teilnehmen. Daneben könnte man auch auf andere Weise verfahren. Aber, wie Montesquieu sagte, kein Wind wird helfen, wenn das Segelschiff seinen Zielhafen nicht zu nennen vermag. Ohne grundlegende Übereinkunft über die Wiederaufrichtung der Familie können wir weder einen sozialen Sittenkodex entwerfen noch staatliche Politik gestalten.

Das zweitwichtigste Element der moralischen Infrastruktur sind die Schulen. Hier haben sowohl Vertreter der Kirchen als auch die Liberalen wiederholt darauf bestanden, dass öffentliche Schulen (die immerhin 88 % der amerikanischen Kinder aufnehmen) keine Werte lehren sollten. Man hat oft zu Recht darauf hingewiesen, dass diese Werte-Erziehung am besten von Eltern und Kirchen zu leisten ist. Aber eine Flut von unehelichen Kindern, Drogenmissbrauch und Jugendgewalt bestätigt, dass diese beiden Institutionen nicht ausreichen. Sollten wir denn solange warten, bis alle Schulen privatisiert sind? Gibt es eine Möglichkeit, sich auf ein begrenztes Programm zur Charaktererziehung an öffentlichen Schulen zu verständigen? Wenn ja, welchen Inhalt sollte es haben, worauf sollte es abzielen? Auf die Kontrolle der plötzlichen Gefühlsausbrüche? Auf die Erhöhung des Einfühlungsvermögen? Und wer sollte darüber entscheiden? Die Eltern? Oder die Erzieher?

Schließlich wirken die Gemeinschaften selbst als integraler Teil der moralischen Infrastruktur. Das gesamte Netzwerk der bürgerlichen Vereinigungen, der Kirchen und Nachbarschaftsbeziehungen, die von den Verfechtern der Bürgerkultur befürwortet werden, halten gleichfalls die moralische Ordnung aufrecht. Besonders in diesem Bereich würdigt man Menschen, die den moralischen Grundsätzen treu bleiben und der Gemeinschaft gemäß leben und handeln, aber man rügt sie, wenn sie es nicht tun. Eine Gemeinschaft kann diese Aufgabe jedoch nur dann erfüllen, wenn es einen angemessen breiten Konsens darüber gibt, welche Werte auf diese Weise bekräftigt werden sollen.

Hierzu gehört ein gesellschaftlicher Dialog, dem wir andauernd ausweichen mit Bemerkungen wie: „Die Wirtschaft bestimmt sowieso alles, du Dummkopf" oder entsprechende Einstellungen, die oft von Republikanern vertreten werden. („Ich bin kein Prediger", sagte kürzlich ein Präsidentschaftskandidat dieser Grand Old Party, als er zum Thema „Werte" befragt wurde. Er sagte das ehrlicher als manch andere, die hierzu relativ meinungslos sind.)

Es ist sicher richtig, dass Amerika von mehr zivilisierten Umgangsformen profitieren könnte. Zivilisierte Diskussionen könnten tatsächlich der erste Schritt zu einem neuen Programm für die gesellschaftliche Moral sein. Was aber die amerikanische Gesellschaft am dringendsten braucht, ist eine breite allgemeine Verständigung sowohl über den moralischen Zustand ihrer Staatengemeinschaft und vor allem darüber, welche Werte die Bemühungen um seine Verbesserung leiten sollen: Genügen unsere traditionellen, religiösen, geistigen Werte? Oder brauchen wir eine neue säkulare Ethik? Einfach nur höflich oder zivilisiert sein, reicht nicht aus.

Kommentar:

Das Stichwort von der Zivilgesellschaft ist breit in die Sprache der Politiker eingegangen; oft ist nicht klar, dass diese zwar in erster Linie an die aktive Bürgergesellschaft denken, das Wort „zivil" aber von Hause aus den respektvollen Umgang miteinander meint und darauf hinweist, dass die im Dialog zu erörternden Werte auf gegenseitiger Wertschätzung im Alltag aufbauen.

Was „Werte" heißt, ist nicht für alle gleich. Ein Lexikon führt die hier gemeinte Bedeutung gar nicht ein, wenn es definiert: „Wert, die Bedeutung, die Gütern für die Bedürfnisbefriedigung beigemessen wird; Gebrauchswert (nach subjektiver Wertschätzung) und Tauschwert (in Geld ausgedrückt: Preis).* Solche „Werte", über die für eine Verbesserung des moralischen Zustands zu reden ist, sind nicht materiell und doch wichtig, gerade weil die Bedürfnisse verschieden sind und doch gemeinsames Handeln erforderlich ist, etwa beim Schutz der Umwelt.

Der Streit um die Geltung bestimmter Werte spielt sich bei uns vor dem breit akzeptierten Hintergrund der Grundrechte im Grundgesetz ab. Neu wird die Debatte um die Erklärung zu den Menschenrechten in der Europäischen Gemeinschaft, die einige Akzente anders setzt. Dort fehlt zum Beispiel eine Entsprechung zum ersten Satz der Präambel im Grundgesetz: „Im Bewusstsein seiner Verantwortung vor Gott und den Menschen ... hat das deutsche Volk ... dieses Grundgesetz der Bundesrepublik Deutschland beschlossen", worin sich eine ganz bestimmte Vorstellung von der Begründung dieser Rechte oder Werte ausdrückt.

Die Verständigung über die Grundrechte wird immer weitergehen; die Deutschen, die 1949 in den jetzt so genannten Neuen Bundesländern wohnten, konnten damals ihre Zustimmung zu diesem Beschluss nicht selbst zum Ausdruck bringen; darin liegt ein weiterer Ansporn, sich dieser Verständi-

---

* Bertelsmann Universal-Lexikon 1999

gung in moralischen Dialogen zu widmen und sich neuen Herausforderungen zu stellen.

Unsere Schulen sollen unsere Kinder nicht nur mit dem Religionsunterricht und dem Ersatzfach Ethik zu solchen moralischen Dialogen befähigen.

2 Ist unsere Moral defizitär?

Drei von vier Amerikanern glauben, das Land befinde sich in einer moralischen Krise. Ich gehöre dazu. Ich glaube, wir sehen uns einer tiefen und weitreichenden Werte-Krise und einem Verlust an Tugenden gegenüber, der unsere Aufmerksamkeit fordert. Wir haben tatsächlich ein moralisches Defizit von beträchtlichem Ausmaß, größer als das Haushaltsdefizit. Dieses Loch im Staatshaushalt ist teilweise selbst ein moralisches Problem, weil wir mit diesem Defizit Raub an unserem Erbe begehen und unsere Kinder betrügen.

So wie wir eine Verkehrs-Infrastruktur besitzen mit Brücken und Häfen und Eisenbahntrassen, die unterhalten werden müssen, so besitzen wir auch eine moralische Infrastruktur von Familien, Kirchen, Schulen und Nachbarschaften.

Sie ist vernachlässigt und erstickt worden als Folge derselben Eingriffe der Regierung, die auch dem privaten Sektor die Atemluft genommen hat. Wir müssen die Tugenden, die einer vitalen und freien Gesellschaft zu Grunde liegen, erneuern, aber wir werden bei dieser Aufgabe keinen Erfolg haben ohne eine verlässliche, stärkere moralische Infrastruktur.

Bei unserer Diskussion dieses Problems ist ein alter Begriff wieder aufgetaucht: Zivilgesellschaft. Regelmäßig begegnet man in der Presse dem Gedanken, wir sollten wieder zivilisierter miteinander umgehen, uns nicht gegenseitig verteufeln, sondern miteinander in konstruktiver Weise reden. Der Präsident sagt häufig: „Wir müssen (wieder) das Gemeinsame entdecken."

Ich habe nichts gegen Höflichkeit einzuwenden. Bei Diskussionen über schwierige Themen müssen wir miteinander sprechen, ohne uns gegenseitig anzubrüllen. Aber es gibt eine tiefere Bedeutung der Idee einer Zivilgesellschaft. Sie bezieht sich auf die äußerst lebenswichtigen, vermittelnden Institutionen in dem Bereich zwischen dem Staat und dem Einzelnen. Größere Höflichkeit in unseren Debatten wäre hilfreich, aber nicht ausreichend, um die Zivilgesellschaft in umfassender und sinnvoller Weise zu erneuern.

Wenn wir über das Gemeinsame sprechen, müssen wir klären, worin dieses Gemeinsame besteht. Insbesondere müssen wir über die Werte sprechen, die Amerikaner gemeinsam besitzen. Dies würde zu einer vertiefenden und auch weiter ausgreifenden Diskussion führen, als es die über die Höflichkeit ist. Wir müssen fragen: Mit welchen Werten gehen wir in unsere Zukunft? Welche haben wir vernachlässigt und warum? Müssen wir einigen davon wieder größere Beachtung schenken?

Rechte und Verantwortungen

Als ich vor einigen Jahren für meine Sünden büßte und Ethik an der Harvard Business School lehrte, las ich eine Studie, die belegte, dass junge Amerikaner überwiegend der Ansicht sind, sie hätten ein Recht darauf, bei der Anklage wegen eines Verbrechens ein Verfahren vor einem Geschworenengericht zu verlangen.

Natürlich haben sie mit dieser Ansicht Recht. Es ist eines unserer fundamentalsten Rechtsgüter. Aber dieselbe Untersuchung wies zugleich nach, dass die meisten unserer jungen Leute auf die Frage, ob sie selber in einem Schwurgericht mitwirken würden, antworteten: „Suchen sie sich einen anderen."

Dieser Widerspruch zwischen der festen Überzeugung, einen Rechtsanspruch zu besitzen, und der Weigerung, zum Allgemeinwohl beizutragen, kennzeichnet unsere heutige Gesellschaft. Nachdem meine Kollegen und ich das Problem in dieser Weise erfasst hatten, stießen wir überall auf weitere Symptome derselben Diskrepanz. Eine Fülle von Untersuchungen zeigt, dass die überwältigende Mehrheit der Amerikaner der festen Überzeugung ist, dass wir dem Staat weniger Raum geben sollten, aber dieselbe überwältigende Mehrheit fordert mehr staatliche Leistungen in jeder nur denkbaren Form. Während des Golf-Krieges waren Amerikaner sehr stolz über unseren Sieg und die Art und Weise, wie wir uns verhalten hatten. Aber zugleich wollte die große Mehrheit von uns nicht als Soldat dienen und wollte das auch für unsere Kinder nicht. Die meisten von uns wollen noch nicht einmal einen finanziellen Beitrag für unser Engagement am Golf leisten.

Zahllose Beispiele folgen diesem Grundmuster. Einerseits wollen wir staatliche Beihilfen genießen. Wir erwarten, dass bestimmte Dinge zu unserem Wohl getan oder für uns bereitgestellt werden. Andererseits lehnen wir es ab, am Wehrdienst teilzunehmen oder unseren Beitrag zu gemeinsamen Anstrengungen zu leisten. Ich kehre nochmals zu dem Gerichtsbeispiel zurück: Amerikaner genießen das Verfassungsrecht auf ein Gerichtsverfahren vor Geschworenen, aber dieses Recht hat zur Folge, dass man verpflichtet ist, selbst in einem Geschworenengericht mitzuwirken, wenn man dazu aufgefordert wird. Dieses Grundprinzip kennzeichnet die Hälfte der kommunitarischen Agenda. Verbriefte Rechtsansprüche setzen moralische Verpflichtungen voraus.

Es geht hier um die von uns zu Grunde gelegte Konzeption der menschlichen Natur. Wenn wir davon ausgehen, dass Menschen von Natur aus gut sind und sich zur Tugend hingezogen fühlen wie die Ente zum Wasser, dann werden wir auch einen entsprechenden Typus von Politik und von Institutionen entwickeln. Wenn wir aber davon ausgehen, dass der Mensch von Natur aus böse und jenseits aller Erlösung ist, dann werden wir eine andere Entwicklung nehmen. Ich möchte dagegen die These aufstellen, dass die Menschen von Natur aus einen inneren Kampf austragen zwischen dem niedrigen und dem edleren Teil ihres Wesens. Wir müssen (daher) über die gesellschaftlichen Vorkehrungen reden, die die Menschen zivilisierter machen können, als sie es sonst wären.

Ich mag hier wie ein Prediger wirken, aber meine Behauptungen werden durch die Sozialwissenschaften bestätigt. Kinder kennen bei der Geburt keine Werte. Sie sind in der Tat – ich meine das hier im Ernst – wie kleine Tiere. Wenn man sie sich selbst überließe, würden sie auf allen Vieren kriechen und bellen. Wir besitzen zwar eine menschliche Anlage aufrecht zu gehen, aber wir entdecken dieses Potential erst dann, wenn man es uns lehrt. Wenn wir in sozialer Isolation leben, entwickeln wir keine Sprache. Wir besitzen zwar die Anlage dafür, aber wir lernen sprachlich zu kommunizieren erst dann, wenn ein Erwachsener uns das vormacht.

Dies ist mehr als bloß eine windige Theorie. Vor einigen Jahren gab es in Tampa City, Kalifornien, ein Ehepaar mit einer kleinen Tochter, die sie nicht mochten. Sie wollten es vermeiden, ihr etwas anzutun, was zu rabiat schien, deswegen beherbergten sie sie hinter ihrem Haus in einer Art Hundehütte. Sie gaben ihr zu essen und zu trinken, vernachlässigten sie aber im Übrigen vollkommen. Als sie etliche Jahre später von einigen Sozialarbeitern entdeckt wurde, konnte man sie von einem Tier kaum unterscheiden. Sie knurrte, war aggressiv und unfähig zu sprechen. Es dauerte Jahre, bis man sie wieder zu einer gewissen Menschenähnlichkeit zurückverwandeln konnte.

Während der gesamten Menschheitsgeschichte – auf allen fünf Kontinenten und ohne Ausnahme in all den verschiedenartigen Kulturen haben wir festgestellt: Es war die Pflicht der Familie, den Prozess der Zivilisierung dieser „kleinen Tiere" in Gang zu setzen und ihnen Werte beizubringen. Unsere amerikanische Gesellschaft entschloss sich vor etwa 25 Jahren zu einem groß angelegten Experiment, Millionen von Kindern durch gemietetes Personal in Institutionen aufziehen zu lassen, die man Kinderbetreuungsstätten nennt. Dieses Unterfangen hatte das ganze Gewicht der menschlichen Erfahrung gegen sich, und 25 Jahre danach halten wir alle Beweise in der Hand, die wir zu seiner Beurteilung brauchen. Wenn wir Kleinkinder ihren natürlichen Eltern entziehen, insbesondere in den ersten Lebensjahren, dann wachsen sie im Sinne aller bekannter Normen der Sozialwissenschaft nicht richtig heran. Es kann sein, dass sie mit Verhaltensproblemen, Studienproblemen und sogar einer Polizeiakte leben müssen.

Drei notwendige Schritte

Der erste Schritt zur Wiederherstellung der moralischen Infrastruktur ist der Schutz der Familie. Es sind hierzu schon ein paar sehr gute Programme vorhanden.

Ich nehme eines davon als Beispiel: Viele Kirchen bieten Programme für voreheliche Beratungen an. Sie warten mit der Partnerberatung nicht erst bis zur Trennung oder Scheidung; im Gegenteil, sie beraten Paare schon vor der Eheschließung. Ebenso hilfreich ist es, die Jugendlichen in der High School darin zu unterrichten, wie man zivilisierter miteinander umgeht und Konflikte löst. Es gibt Paare, die kommen gut miteinander aus, und Paare, die sich trennen. Untersuchungen zeigen, dass beide Gruppen etwa genauso oft streiten, aber die Paare, die zusammenbleiben, streiten besser. Bei diesen Partnern richtet sich die Attacke gegen das Problem und nicht gegen die Person; sie gönnen sich eine Abkühlungspause usw.

Konfliktbewältigung ist eine lehrbare Fertigkeit, die zu besseren Bürgern, besseren Nachbarn und zu besseren Familien führt. Wir brauchen eine umfangreiche Agenda zur Rettung der Familie, und dies ist lediglich ein einzelner Gesichtspunkt darin.

Das zweite Element der moralischen Infrastruktur, die wir wiederherstellen müssen, sind die Schulen. Sie haben ihren festen Platz im Prozess der Charakterbildung und daran wird sich auf absehbare Zeit auch nichts ändern. Ob man es nun mag oder nicht, ob sie es nun bewusst durchführen oder nicht, Schulen prägen den Charakter der Schüler. Ein Beispiel ist der Sportunterricht.

Wir alle wissen, er beeinflusst den Charakter. Die Briten haben dafür ein passendes Sprichwort. Es lautet: „Es ist gleichgültig, ob du gewinnst oder verlierst, es kommt nur darauf an, wie du das Spiel spielst." Eine andere Denkrichtung meint: „Gewinnen ist nicht nur ein wichtiger Gesichtspunkt; es ist der einzige." Worin liegt hier der Unterschied? Wenn man den Sport als ein charakterbildendes, erzieherisches Instrument nimmt, dann erzieht man die Menschen dazu, ihre Affekte zu beherrschen. Zu wissen, wie man eine Niederlage hinnimmt und wie man fair der Regel entsprechend spielt, ist ein wesentlicher Aspekt eines moralischen menschlichen Wesens. Wenn man Jugendliche lehrt, den Gegnern die Gesichtsschutzmaske herunterzureißen und sie mit dem Ellenbogen zu rammen, wenn der Schiedsrichter nicht hinschaut, dann beeinflusst man ihren Charakter. Wenn Lehrer moralischen Relativismus lehren, dann beeinflussen sie den Charakter, was ebenso geschieht, wenn sie Religion lehren. Es gibt keine Möglichkeit zu vermeiden, dass die Schule einen starken Einfluss auf den Charakter der Jugendlichen ausübt. Nachdruck sollte man hier auf die Schulung des Verhaltens legen. Wir müssen wirklich die gesamte schulische Erfahrung, die wir bisher Kindern zukommen ließen, so umgestalten, dass dort Anerkennung für die Leistung und nicht für den sozialen Status ausgesprochen wird. Dies bildet den zweiten Teil unserer Agenda – die besondere Rolle der Schulen als Institutionen der Charakterbildung wiederherzustellen.

Der dritte und letzte Baustein der moralischen Infrastruktur ist die Gemeinschaft. Wenn man über Gemeinschaften und die Bedeutung des Gemeinwesens spricht, dann wird mir ganz warm ums Herz. Man meint zunächst Gemeinschaften im Sinne von kuscheligen, warmen Lebensbereichen, in denen jeder jeden beim Vornamen kennt und wo man auf die Frage: „Wie geht es dir?" auch wirklich eine Antwort hören möchte. Das ist sicher eine zauberhafte Seite der Gemeinschaft, aber man übersieht dabei einen viel wichtigeren Aspekt, der für unser Anliegen entscheidend ist. Gemeinschaften haben Traditionen, Werte und eine moralische Stimme.

Es folgt hier eine weitere enttäuschende Feststellung, die von den Sozialwissenschaften bestätigt wird: Sogar wenn Familien intakt und gefestigt sind, sogar dann, wenn die Schule ihr Bestes gibt, reicht es nicht aus. Auch wenn die Menschen schließlich ein Gewissen erworben haben, befolgen sie es einfach nicht. Es ist tragisch, aber wahr, dass unsere Moral dabei ist zu degenerieren.

Wenn der Bau des Gemeinwesens sich auflöst, wenn die Menschen anonym für sich allein leben, dann werden sie sich mit höherer Wahrscheinlichkeit auf antisoziales Verhalten einlassen, als wenn sie in einer lebendigen Gemeinschaft lebten. Die einzige Möglichkeit, uns auf dem richtigen Kurs zu halten, besteht darin, uns zu einem Teil einer Gemeinschaft zu machen. Ich meine nicht zu einer Gemeinschaft unter der Ägide der Regierung, sondern als Teil einer echten, authentischen Gemeinschaft.

Unser gesellschaftliches Gebilde erscheint nicht nur zerschlissen, sondern es herrscht in einigen Teilen des Landes sogar die Vorstellung, wir sollten keine wertende Haltung mehr einnehmen – was das ganze Problem noch verschlimmert. Wir kennen einen ganzen Stapel von Ideologien, die von der Psychotherapie, vom ausgebrannten Marxismus, von der Gegenkultur, vom Relativismus und von Post-Modernisten abgeleitet sind und die etwa dies behaupten: „Es ist nicht deine Schuld, du bist nicht verantwortlich. Es sind die Väter, Mütter, das Gesellschaftssystem. Es gibt sowieso keine Wahrheit."

Wenn es als armselig und selbstgerecht gilt, dass man Werturteile fällt, dann natürlich sollten wir uns keine kritischen Bemerkungen erlauben. Wenn wir niemandem gegenüber sagen dürfen: „Moment mal, bitte, das ist nicht die Art, wie wir hier die Dinge regeln!" – dann ist es ein Fehler, nicht kritisch zu sein.

Zum Abschluss möchte ich ganz einfach zum Ausdruck bringen, ja, es gibt Wahrheiten, es gibt Tugenden. (...) Wenn wir z. B. dulden, dass Väter ihre Kinder verlassen, dann ist das falsch. Wir müssen diese klare Sprache wieder erlernen. Es hat keinen Sinn darüber zu reden, wie man im Einklang mit unseren Werten lebt, wenn wir nicht bereit sind, sie zu verteidigen, wenn sie bedroht werden.

Kommentar:

Die Anschauung vom Kampf zwischen dem niedrigeren und dem edleren Teil des menschlichen Wesens ist in den Traditionen der Moral fest verwurzelt. Unter „Moral" verstehen wir im Allgemeinen die vorbildliche Haltung eines Einzelnen oder einer Gruppe; auch eine sittliche Lehre (z. B. in einer Erzählung), doch wirkt moralisches Pathos leicht anrüchig, weil die Predigt der Moral leicht zur Heuchelei verkommt.

Damit ist das angesprochene Thema aber nicht erledigt. Voraussetzung für „moralisches" Verhalten ist, dass der Mensch absichtlich und frei handeln und die Folgen im Voraus abschätzen kann. Die Gesellschaft legt durch verbindliche Verhaltensregeln und Wertsyteme fest, was als „edel" gilt, und wie dies und jenes Verhalten belohnt oder bestraft wird.

Die Familie spielt für das kommunitarische Verständnis der Moralbildung eine entscheidende Rolle als ursprüngliche Gemeinschaft zwischen dem Einzelnen und der Gesellschaft; in ihr laufen die Interessen des Einzelnen und die der Gesellschaft zusammen, hier erfährt jeder seine Eigenheit (Identität) in der Spannung zwischen Selbstbehauptung und Anpassung und bildet seine Tugenden aus.

3 Glaubhafte Umkehr

Stellen Sie sich vor, Ihnen wird Ihr Traumjob angeboten. Bevor Sie ihn jedoch wirklich bekommen, müssen Sie alles „beichten" – wenn immer Sie dem Finanzamt Ihre Steuerschuld nicht vollständig gezahlt haben; wenn immer Sie gegenüber ihrer Sekretärin einen dreckigen Witz gemacht oder wenn Sie einen illegalen Immigranten angeheuert haben. Ihnen ist klar, wenn Sie hiervon irgendetwas erwähnen, können Sie dem Job gleich Lebewohl sagen. Sie werden wahrscheinlich versucht sein (ich fürchte, zumindest ich wäre es) damit durchzukommen, diejenigen zu belügen, die Sie hinsichtlich Ihrer Eignung auf den Zahn fühlen sollen. Wenn Sie das tun, dann haben Sie die ursprüngliche „Sünde" ums Hundertfache vermehrt. Es muss also einen besseren Weg geben. (...)

Ich beginne meinen Lösungsvorschlag mit einer gedanklichen Anleihe bei religiösen Traditionen. Viele von ihnen machen einen Unterschied zwischen größeren Übertretungen und den übrigen kleinen Sünden. Der Katholizismus zum Beispiel unterscheidet zwischen der Todsünde und den lässlichen Sünden. Der Judaismus kennt 613 Gebote und Verbote, aber nur drei, für die man lieber getötet werden möchte, als sie zu verletzen. Eine Übertragung dieser Regeln ins Weltliche könnte bedeuten, dass man die Kandidaten für ein öffentliches Amt darüber aufklärt – vorausgesetzt sie begehen keine schweren Verbrechen, sondern nur einige wenige Fälle von minderen Delikten (etwa weniger als drei), wenn sie beispielsweise ihre Spesenabrechnung zu hoch ansetzen –, dass diese Delikte in ihrer Personalakte festgehalten werden, sie aber (für diesen Posten) nicht disqualifizieren. Sie wären jedoch mit Sicherheit disqualifiziert, wenn sie in diesen Fällen lügen.

Eine andere Lehre, die wir den religiösen Traditionen entnehmen, ist wesentlich wichtiger: sie zeigt uns die Möglichkeit der Umkehr. Übertragen auf den weltlichen Bereich bedeutet dies: Eine Person des öffentlichen Lebens, die noch nicht im Bewerbungsprozess steht, sollte in der Lage sein, sich zu offenbaren und ihre Übertretungen zu bekennen, Reue zu zeigen und Wiedergutmachung zu leisten (beispielsweise die fälligen Steuern und dazu ein Bußgeld zu zahlen). Bevor die Gouverneurin von New Jersey, Christie Whitman, sich erfolgreich im Jahre 1993 um das Amt bewarb, bekannte sie, dass sie einen nicht gemeldeten Arbeiter bei sich beschäftigt hatte. Sie wurde nicht nur gewählt, sondern ihre Bewerbung für die Leitung der Environmental Protection Agency scheint bisher nicht darunter gelitten zu haben.

Reue ist entscheidend, weil jeder Gesetzesverstoß, insbesondere durch eine Person des öffentlichen Lebens, die Gesellschaft doppelt (be)schädigt. Da sind zunächst die unmittelbaren Auswirkungen des Vergehens, z. B. die weibliche Hausangestellte, deren Sozialversicherung zu kurz kommt. Zweitens sind die Landesgesetze und damit unsere Werteordnung verletzt, die in ihnen enthalten ist, dass nämlich Arbeitnehmer nicht ausgebeutet werden dürfen.

Wiedergutmachungen berücksichtigen nur den erstgenannten Verstoß. Wenn man zeigt, dass es einem wirklich Leid tut, indem man öffentlich den Gesetzen und ihren Wertsetzungen, gegen die man verstoßen hat, Anerkennung zollt, dann trägt dies dazu bei, etwas von dem Schaden wieder gutzumachen, der durch den zweitgenannten Verstoß verursacht worden ist.

Eine solche öffentliche Buße zeigt ein Bewerber am besten, bevor er sich auf einen Traumjob bewirbt. Andernfalls dürften wir die Glaubwürdigkeit seiner Umkehr und seiner öffentlichen Beteuerungen sehr wohl bezweifeln. Vielleicht sollten wir alle, nach dem Vorbild derer, die ein öffentliches Amt anstreben, etwa zur Osterzeit, während des (jüdischen) Versöhnungsfestes oder am Neujahrstag unsere Vergangenheit überdenken und uns offenbaren. Natürlich wäre es sehr wünschenswert, diese Idee auf unsere verurteilten Verbrecher auszudehnen. Denn gegenwärtig besteht für sie keine Möglichkeit, Buße zu tun und die vollständige Mitgliedschaft in der Gesellschaft wiederzuerlangen. In vielen Staaten werden einmal aberkannte gesetzlich garantierte Rechte niemals wieder zuerkannt, sogar dann nicht, wenn der Gesetzesbrecher seine gesamte Strafe abgesessen, echte Reue gezeigt und danach ein vorbildliches Leben geführt hat. Im Übrigen gilt noch immer: einmal ein verurteilter Verbrecher – immer ein verurteilter Verbrecher. Das Strafregister, das einen wie ein Schatten begleitet, lässt sich bisher nicht tilgen, auch wenn man ein noch so vorbildliches Leben führt.

Da sie nicht in der Lage sind, wieder vollwertige Bürger und Mitglieder der Gemeinschaft zu werden, verspüren die ehemals Verurteilten einen geringeren Anreiz, ein vorbildliches Leben zu führen, als wenn es klar definierte Rituale für eine öffentliche Buße gäbe. Daher treiben sie sich in einigen Bereichen unserer Gemeinschaft herum und sind in Berufen tätig, in denen es kein Makel, sondern wo es vielmehr manchmal sogar als Ehrensache gilt, ein ehemaliger Strafgefangener zu sein.

Wenn ich zu entscheiden hätte, dann würde ich nach einem gewissen Zeitraum, etwa nach 15 Jahren, dem Verurteilten, wenn sein Führungszeugnis ohne Tadel ist, die vollen gesetzlichen Rechte wieder zuerkennen und sein Strafregister einstweilen ruhen lassen (es jedoch nicht löschen). Auf diese Weise würden diese Strafregister nicht bei jeder Gelegenheit wieder auftauchen, wenn jemand bei der Bewerbung für einen Beruf oder einer Immatrikulation durchleuchtet wird; man würde aber vor einer erneuten Verurteilung auf sie zurückgreifen, wenn er rückfällig geworden sein sollte. Wiederholungstäter sollten schwerer bestraft werden als Ersttäter.

Obwohl 15 Jahre eine zu lange Zeitspanne sein mögen, darf prinzipiell die Zeit der Buße nicht kurz ausfallen. In religiösen wie säkularen Erörterungen zum Thema Buße wird dem Prozess der Reue und der Wiedergutmachung viel Aufmerksamkeit geschenkt. Aber die dritte Komponente könnte sehr wohl die wichtigste sein: nämlich der Nachweis, dass man sein Leben durch Vermeiden jeder neuen Straftat völlig neu gestaltet hat. Andererseits kann man zwar bereuen, scheinbar einen Schlussstrich ziehen, nur um doch wieder erneut straffällig zu werden. Dies ist natürlich keine Einstellung, mit der man unsere Gesetze und Sitten aufrechterhält.

Die Notwendigkeit, ein anständiges Leben zu führen, insbesondere dann, wenn man einmal eine Verfehlung eingestanden hat, ist der Grund, warum ich es befürworte, alle Verfehlungen, die man bekannt und offenbart hat, in einer öffentlichen Amtsakte zu dokumentieren. Obwohl diese, sofern es sich nur um lässliche Vergehen handelt, die Betreffenden nicht für den (öffentlichen) Dienst disqualifizieren sollten, so sollten sie doch wie ein Damoklesschwert über ihnen hängen: ein weiterer Verstoß – und es ist aus mit dir.

Kommentar:

Zuschreibungen der Umwelt haben einen entscheidenden Einfluss auf die moralische Entwicklung eines jeden Menschen, ob jung oder alt. Wer einmal in seiner Umgebung als unzuverlässig etikettiert ist, gerät in einen Teufelskreis, in dem sich sein Verhalten weiter verstärkt.

Religionsgemeinschaften kennen Formen der Auslösung und Absolution gegenüber der unbedingten Instanz. Im täglichen Umgang werden solche Freisprechungen durch einfache Gesten und Worte und den Verzicht auf anschließendes Misstrauen angedeutet. Die negative Festlegung wird vermieden, wenn erkennbar darauf verzichtet wird, die früheren Vorfälle wieder anzuführen. Besonders gefährlich ist erzieherisch gemeinter Tadel, wenn er mit einem „Schon wieder ..." beginnt.

Die Bedeutung lossprechender Rituale wird leicht übersehen, da sie unter Erwachsenen nicht gebräuchlich ist. Da die Medien wachsam sind, kommt auch das Ansehen öffentlicher Personen dann in eine Schieflage. Politiker werden leicht zu „gläsernen Menschen" ohne die Möglichkeit einer Selbstreinigung, es sei denn, es gelingt ihnen nicht nur, das Fehlverhalten rechtzeitig selbst aufzudecken, sondern auch die Ursachen im System, dessen Teil sie sind, und die eigene Leichtfertigkeit oder das Verhaftetsein an „Werte", die als überholt gelten müssen, deutlich zu machen.

Die Auswirkung, die Skandale auf Heranwachsende mit oft recht strengen Wertbindungen haben, ist nicht zu unterschätzen. Das stellt Erzieher vor die schwere Aufgabe, bei aller Kritik dennoch für eine gewisse Vertrauensvorgabe zu werben.

Ausgezeichnete Beispiele für die gemeinsame Arbeit an der Vergegenwärtigung der eigenen Vergangenheit finden sich in „Dreizehn deutsche Geschichten. Erzähltes Leben aus Ost und West". Herausgeber Winfried Ripp und Wendelin Szalai. Edition Körber Stiftung Hamburg 1998.

Nicht nur für die Täter, sondern auch die Gemeinschaft im Ganzen ist es wichtig, dass eine Wiedereingliederung geschieht; deshalb muss sie definieren, was als aktive Rekonstruktion auf Seiten des Täters gilt, und zum Ausdruck bringen, dass sie gegebenenfalls die Wandlung voll akzeptiert. Bedarf es einer säkularen Instanz, dies auszusprechen, oder ergibt sich dies von selbst in einer demokratischen Gesellschaft aufgrund einer grundlegenden Bereitwilligkeit, Wandlungen anzunehmen und sich womöglich auf einen gegenseitigen Prozess einzulassen?

Positiv bewertet werden sollte jedenfalls der Mut zu Wahrheit und Ehrlichkeit; wer auf die von Amitai Etzioni vorgeschlagene Weise eine Verfehlung zugibt, muss deshalb nicht sein Gesicht verlieren.

FAMILIE

1 Die Kraft der Familie

(Aus der Präambel)

Wir, die Unterzeichneten*, glauben,

- dass das Wohlergehen der Kinder unseres Volkes die höchste Verantwortung der Eltern ist;
- dass zu viele Eltern dabei scheitern, dieser Verantwortung in angemessener Weise gerecht zu werden;
- dass die Gesellschaft ein familienfreundliches Umfeld nicht fördert, obwohl sie dafür verantwortlich ist; wirtschaftlicher Druck auf Eltern, insbesondere auf Mütter, nimmt zu, und die vorherrschende Kultur macht Kindererziehung zu einer zunehmend schweren Aufgabe;
- dass als Folge dieses gesellschaftlichen und elterlichen Versagens zu viele unserer Kinder ihrer Chancen beraubt werden, sich zu verantwortungsbewussten Erwachsenen und zu Staatsbürgern zu entwickeln und ihren gesellschaftlichen Beitrag zu leisten;
- dass diese schwere Beeinträchtigung eine grundlegende Bedrohung der Gesundheit unseres Gemeinwesens darstellt;
- und dass wir deshalb mit fester, gemeinsamer Entschlossenheit handeln müssen, um Familien zu stärken und um dadurch die Zukunftschancen unserer Kinder und unserer Gemeinschaft zu erhöhen. (...)

Eine Kultur der Familie

Wir müssen schließlich eine zuverlässige öffentliche Moral wiederherstellen, die unsere grundlegendsten Wertvorstellungen widerspiegelt als den wesentlichsten Kontext, in dem Familien Stärkung und Aufwertung erfahren können.

---

* Die anderen Unterzeichneten sind Jean Bethke Elshtain, Enola Aird, William Galston, Mary Ann Glendon, Martha Minow und Alice Rossi; vgl. http://www.gwu.edu/~ccps

Als Amerikaner schätzen wir mit Recht unsere individuelle Freiheit. Aber wir können ohne Verwurzelung in der Gemeinschaft nicht leben, weder in Familien, Nachbarschaften, religiösen und weltlichen Vereinigungen noch in sozialen Bewegungen. Den Kindern, die außerhalb eines reich gestalteten und untereinander verknüpften Netzwerkes menschlicher Beziehungen aufwachsen, wird ein äußerst kostbares Geschenk vorenthalten, nämlich die Gesellschaftsbindung selbst.

Amerikanische Familien werden in einem Moment geschwächt, in dem auch das Vertrauen in unsere gesamten politischen Einrichtungen schwindet.

Wir bringen immer weniger bürgerliches Vertrauen auf. Einige meinen, wir hätten unser Vertrauen in die Versprechungen der Demokratie selbst verloren. Wenn wir weiterhin als Nation gegenüber den Eltern unserer Kinder versagen, kann dieser Verlust an Hoffnung nur noch zunehmen.

Wir predigen hier weder Trübsal noch Nostalgie. Wir begrüßen die Veränderungen, die vergangene Generationen vorgenommen haben, die die strengen, an die Rolle des Mannes und der Frau geknüpften Erwartungen gelockert haben. Wir streben keine Rückkehr in die vergangene Epoche an. Aber wir sind beunruhigt über zu viele politische Analytiker, Meinungsführer und gewählte Staatsdiener, die weiter unbeeindruckt ein rosiges Bild gesellschaftlichen Wandels entwerfen und sich weigern, dem sich verschlimmernden Zustand der amerikanischen Familie entgegenzutreten.

Der Status quo lässt sich leicht darstellen: Das Wohlergehen der amerikanischen Kinder verschlechtert sich. Wären wir mit einer umfassenden Erörterung der politischen Maßnahmen und der kulturellen Werte befasst, die das Wohlergehen der Kinder auf der Stelle fördern könnten, müssten wir uns einer Reihe von Problemen stellen, die über den Rahmen dieses Grundsatzpapiers hinausgehen. Wir konzentrieren uns hier auf unsere tiefe Überzeugung, dass stabile, intakte Familien einen lebenswichtigen Beitrag für die Erziehung künftiger Staatsbürger leisten. Unsere Kinder sind in besonderem Maße in Gefahr, weil sie sich immer weniger der anhaltenden Fürsorge, Unterstützung und Geborgenheit sicher sind, die nur durch die geordneten Verhältnissen eines unmittelbarer erfahrenen Familienlebens gewährleistet werden können.

Kurz gesagt, Kinder tragen die Hauptlast eines tief greifenden kulturellen Wandels hin zu einem ausufernden, hybriden Individualismus, dessen negative Züge wir heute beobachten können und dessen folgenreiche Kosten sich über unsere eigene Lebenszeit hinaus erstrecken werden. Als Staatsbürger und Eltern glauben wir, dass die Zeit gekommen ist, die sozialen Kosten, die der allzu schnelle Wandel des Familienlebens in den vergangenen Jahrzehnten verursacht hat, unerschrocken in den Blick zu fassen und uns selbst zu verpflichten, die notwendigen Schritte zu unternehmen, um die Probleme, die unsere Kindern und Familien haben, ins Lot zu bringen.

Obwohl die Familie der Bereich des Privatlebens ist, ist sie dennoch entscheidend für die Identität des Einzelnen in der Gesellschaft. In diesem Punkt wie auch in anderen stimmen die Aussagen der Eltern und Wissenschaftler überein. In der Familie erfassen wir erstmals den tieferen Sinn, der darin liegt, Verantwortung zu tragen und aufeinander angewiesen zu sein. In der Grundeinstellung der Familie erfahren wir die tiefere Bedeutung von Geben und Nehmen, oder wir erfahren sie nicht; wir erfahren die Bedeutung von Vertrauen oder Misstrauen, von Selbstbeschränkung und Zügellosigkeit, von Verlässlichkeit und Unzuverlässigkeit. Aus diesen, wenn nicht aus anderen Gründen müssen wir die entscheidenden Beziehungen zwischen staatlicher Politik und privater Familie wieder ins Bewusstsein rufen und politische Programme entwerfen, die Familien unterstützen.

Die Familie, von der wir hier reden, ist kein isoliertes Gebilde, sondern vielmehr eine Einrichtung, die in einen weiteren sozialen Kontext eingebettet ist, der sie entweder fördert oder aber schwächt. Ohne Unterstützung der Gesellschaft können Familien im besten Falle nur mit Mühe ihre Aufgabe erfüllen. Aber heute übt die amerikanische Gesellschaft unter dem Strich negativen Druck – kulturellen wie wirtschaftlichen – auf Mütter und Väter aus. Wenn man Eltern bittet, von sich zu erzählen, dann beklagen sie, dass es schwerer geworden ist, neben der Erziehung der Kinder einen ehrlichen Beruf auszuüben. Denn sie sind einem kulturellen Umfeld ausgesetzt, das sie als familienfeindlich betrachten. Die überwältigende Mehrheit der Amerikaner glaubt, dass das Elterndasein heute viel schwieriger ist als früher. Der Pessimismus angesichts des Verfalls der Werte der Familie nimmt zu. Während Experten- und Politiker-Diskussionen sich für gewöhnlich auf das Thema Arbeitsplatz und auf Probleme der Versorgung von Kindern konzentrieren, drehen sich Diskussionen an der Basis um Fragen der Moralkultur. Eltern äußern durchweg Angst darüber, zunehmend weniger Zeit zur Verfügung zu haben, sich der moralischen Aufgabe der Kindererziehung zu widmen, und dass ihre Kinder sich infolgedessen den Werten einer exzessiv individualistischen, materialistischen und sexbesessenen Kultur unterwerfen. (...)

Mutter oder Vater zu sein ist nicht einfach nur eine Frage des „Life-Styles", sondern vielmehr eine ethische Berufung schwerwiegendster Art. Eine engagierte Gemeinschaft muss den Weg für Eltern ebnen, so dass die Freuden des Familienlebens eher spürbar und die Lasten, die damit verbunden sind, gerechter verteilt und ertragen werden können. Sozialpolitik kann die Welt nicht auf den Kopf stellen. Nichtsdestoweniger müssen wir miteinander auf eine Art und Weise handeln, die widerspiegelt, dass wir uns gemeinsam gegenüber all jenen verpflichtet fühlen, die sich jetzt der Aufgabe der Kindererziehung stellen, und gegenüber den Kindern, deren Wohlbefinden davon abhängt, ob diese Aufgabe auch gut erfüllt wird.

Kommentar:

Der vorliegende Auszug aus einem Positionspapier mehrerer Autoren, darunter Etzioni, will darauf hinwirken, dass Kinder noch deutlicher in den Mittelpunkt von Familie und Gesellschaft gestellt werden als üblicherweise der Fall. Angesprochen wird auch die Angst von Eltern, der Aufgabe nicht gerecht zu werden.

Darum sollten die Einflüsse von außerhalb der Familie nicht überbewertet werden. Das gelebte Eigenbeispiel wirkt stärker, als man selbst anzunehmen geneigt ist. Wichtiger als das Umfeld ist das Kernfeld. Wie hier miteinander und gerade auch mit Konflikten und Niederlagen umgegangen wird, wie Werte nicht nur eingefordert, sondern kritisch besprochen werden, ergibt die erste Prägung, der sich die andern erst allmählich überlagern.

Die kommunitarische Hochschätzung „moralischer Dialoge" angesichts wechselnder Wertprofile lässt sich zuerst in der Familie vermitteln!

2 Was die Ehen haltbar macht

Die öffentliche Diskussion über den Wert der Familie verlagert sich in diesem Wahljahr schnell von der Frage: „Sollen wir die Familie retten?" zur Frage: „Auf welche Weise können wir sie retten?"

Eine Antwort auf diese Herausforderung kommt von den Staaten, die man bereits als unsere besten Versuchslabors gelobt hat, was soziale Wohlfahrt, Gesundheitsreform und zahlreiche andere sozialpolitische Maßnahmen betrifft. Michigan und Iowa sind Vorreiter mit ihren Versuchen, Scheidungen erstmals wieder seit der Einführung der Scheidung ohne Verschuldensprinzip zu erschweren. Mindestens weitere 11 Staaten erwägen ebenfalls gesetzliche Maßnahmen gegen diese Schnellscheidung.

Michigan erwägt eine Rückkehr zu einer Scheidung nach dem Verschuldensprinzip, bei der auf eine schuldhafte Scheidung jedoch nur dann entschieden werden kann, wenn der andere Ehepartner Ehebruch, Grausamkeit oder einige andere vergleichbare Gründe nachweisen kann. Im Falle einer Scheidung würde unabhängig von der Schuldfrage eine Familienberatung und eine Wartezeit erforderlich werden, wenn minderjährige Kinder betroffen sind. Iowas Gesetzgebung verfolgt eine ähnliche Linie.

Die Gesetzesvorlagen dieser Staaten verdienen Beachtung, aber es gibt auch andere, zunächst noch zu erprobende Maßnahmen, die für das Familienleben Mut machen können. Es gibt eine ganze Reihe davon, zwischen denen wir wählen können.

Familie als Unterrichtsfach an Schulen

Eine Arbeitsgruppe, eingesetzt vom Kommunitarischen Netzwerk, das ich gegründet habe, empfiehlt die bisherige Sexualerziehung an öffentlichen Schulen durch ein Unterrichtsfach über zwischenmenschliche Beziehungen, Familienleben und sexuelles Intimleben zu ersetzen. Jugendliche sollten in der Schule lernen, wie man untereinander wirkungsvoller kommuniziert und mit Konflikten umgeht. (Untersuchungen zeigen, dass Paare, die zusammenbleiben, etwa ebenso viele Konflikte austragen wie jene, die sich trennen, aber sie gehen mit ihren Meinungsverschiedenheiten in konstruktiverer Weise um.)

Dies sind wertvolle Fertigkeiten, die jungen Leuten bei ihren Beziehungen zu ihren Eltern, Freunden, Arbeitskollegen und späteren Ehepartnern gute Dienste leisten können.

Voreheliche Beratung

Wenn die Ehe einen neuen Wert erhalten soll, dann müssen die Menschen dazu bewogen werden, sie weniger leichtfertig einzugehen. Weil die Ehe so leicht aufgelöst werden kann, hat ihr dies, wie man meint, den Ruf der „Entsorgbarkeit" eingetragen; d. h. Paare bekennen sich nie entschieden zur Ehe oder versuchen nie wirklich, ihre eheliche Bindung zum Erfolg zu führen.

Mehrere christliche und jüdische Religionsgemeinschaften lehnen es bereits ab, Paare zu trauen, bevor sie an mehreren Sitzungen zur vorehelichen Beratung teilgenommen haben. Dort werden die Paare gefragt, ob sie ihre grundlegenden Probleme diskutiert und sich darüber verständigt haben, wer z. B. die Kinder betreuen und wer die Familienkasse verwalten wird und was geschieht, wenn einer von beiden ein Arbeitsangebot in einer anderen Stadt bekommt.

Da die Vorzüge der vorehelichen Beratung noch weitgehend unbekannt sind, wäre zu überlegen, ob es nicht sinnvoll wäre, Gesetze zu erlassen, die diese Beratung zur Pflicht machen.

Maßnahmen zur Stärkung der Ehe

Anlaufstellen, die von religiösen Einrichtungen und von Laienpsychotherapeuten geleitet werden, sind eine weitere Möglichkeit zur Stärkung der Ehe. Dort lernen Paare (weniger Einzelne, wie das in der traditionellen Therapie die Regel ist) mit ihren Problemen umzugehen. (Zwei Eheleute berichteten einem befreundeten

Soziologen, dass sie tief beeindruckt waren, wie viel weniger schwerwiegend ihre Probleme waren als die der anderen, die sie bei solchen Begegnungs-Wochenenden trafen.)

Eine weitere Möglichkeit bietet die Eheberatung, noch lange bevor die Paare die Scheidung einreichen. Eine Schlüsselfrage bleibt dennoch die Qualifikation der Berater. In 13 Staaten kann jeder ein Schild an die Tür hängen und die Beratung aufnehmen. Die Vorschriften dazu unterscheiden sich in den anderen 37 Staaten beträchtlich. Eine weitere offene Frage ist die nach dem besten Beratungsansatz.

Viele Berater verfahren wertneutral: Sie lassen nicht erkennen, ob sie das Fortbestehen der Ehe oder eine Scheidung für richtig halten. Tatsächlich konzentrieren sie sich auf die psychische Reifung des Einzelnen statt auf das Reifen des Paares. Bevor die Staaten Gesetze verabschieden, die voreheliche Beratung zur Pflicht machen, wäre es sehr sinnvoll, sie sorgten für qualifizierte und sachgerechte Beratung.

Wirtschaftliche Anreize und Sanktionen

Man kann wirtschaftliche Anreize und Sanktionen in Betracht ziehen, um damit Familien zu stabilisieren. Viele plädieren z. B. dafür, die Reste der Steuerbenachteiligung zu beseitigen, unter denen nicht wenige Ehepaare nach der Eheschließung zu leiden haben. (Dies ist natürlich ein schwieriges Unterfangen, weil einige der vorgeschlagenen Änderungen den Singles beträchtliche Nachteile bringen würden, also kaum ein faires Vorgehen sein dürften.)

Eine Sanktion bestünde darin, von arbeitsunwilligen Vätern finanziellen Unterhalt für die Kinder einzutreiben. Der Zweck dieser Maßnahme bestünde nicht nur darin, die öffentlichen Kosten der Scheidungskinder zu senken (23 Milliarden jährlich allein an Sozialausgaben), sondern auch darin, von einer Scheidung abzuschrecken.

Vielleicht würden viel weniger Männer eine Scheidung beantragen, wenn man ihnen bewusst machte, dass alle vorgesehenen gesetzlichen Maßnahmen auf sie angewendet werden, um sicherzustellen, dass sie ihren Kinderunterhalt zahlen.

Die innovativste und kontroverseste Möglichkeit ist schließlich das Modell „Vorrang für Kinder", das von Mary Ann Glendon, einer Juraprofessorin und Kommunitarierin an der Harvard University, verfochten wird. Hiernach würde das Vermögen an Immobilienbesitz in drei statt wie bisher in zwei Teile aufgeteilt werden.

Der Löwenanteil davon wäre bestimmt für das wirtschaftliche Wohlergehen der Kinder und würde von dem Elternteil zu verwalten sein, dem das Erziehungsrecht zuerkannt worden ist, bis die Kinder das 18. Lebensjahr erreichen. Erst das dann noch verbleibende Vermögen sollte zwischen Vater und Mutter geteilt werden. Weil es häufig die Väter sind, die die Scheidung einreichen in der Annahme, sie würden das Verfügungsrecht über viele Vermögenswerte erhalten, während die Mütter das Erziehungsrecht über die Kinder behielten, würde das Prinzip „Vorrang für Kinder" nicht nur die Kinder von geschiedenen Eltern schützen, sondern auch das Interesse einer beträchtlichen Zahl von Vätern an einer Scheidung dämpfen.

All dies bedeutet nicht, man sollte die staatlich festgesetzten Bedingungen wie z. B. obligatorische, voreheliche und der Scheidung vorausgehende Beratung von vornherein ablehnen, ebenso die weit bemessenen Wartezeiten (einige Staaten denken an 5 Jahre!) und möglicherweise sogar eine Rückkehr zur Scheidung nach dem Verschuldungsprinzip.

Aber es besteht offensichtlich kein vernünftiger Grund, warum man nicht zuerst versuchen sollte, die anderen Maßnahmen einzuführen oder aber, wenn wir auf gesetzliche Regelungen angewiesen bleiben, die dadurch entstehenden Belastungen zu mindern, indem man sich so viel wie möglich auf andere Maßnahmen stützt.

Bisher haben verschiedene legislative Vorhaben der Staaten einen geheimen Vorteil: sie haben dazu beigetragen, einen intensiven öffentlichen Dialog über die Frage anzustoßen: „Sollte die Ehe gerettet werden?" und „Auf welche Weise ist das am besten möglich?" Dieser Dialog nämlich kommt keine Minute zu früh.

Kommentar:

Die Lehrpläne der Schulen sehen einen Unterricht über menschliche Beziehungen nicht ausdrücklich vor; Wissensvermittlung, didaktische Arrangements, Lernerfolge stehen im Vordergrund. So engt eine Konzentration des Geschlechterkundlichen Unterrichts auf Sexualkunde (Biologie und Religion/Ethik) das Feld ein , in dem es um die grundlegende Erfahrung menschlicher Beziehung in Gegenseitigkeit geht. Methoden der Sozialpädagogik sind erforderlich. Mancherorts werden Schulsozialarbeiter eingestellt, freilich immer noch außerhalb des offiziell anerkannten Lernprogramms.

An Beratungsangeboten fehlt es nicht, die jedoch oft erst spät angenommen werden. Beispiel von Zielen einer Paar- und Familientherapie:

Aktives Einbeziehen aller von einem Problem Betroffenen in die Suche nach gemeinsamen Lösungen. Es geht um Stärken und Ressourcen. Nicht „Warum ist das so? – sondern „Was ist zu tun?" Verborgene und blockierte Kräfte sind auf der Suche nach einem Gleichgewicht von Rechten und Pflichten aufzudecken, Arbeitslasten und Freuden durch bessere Anpassungsfähigkeit in der Familie redlicher zu teilen. Durchsichtig zu machen ist auch die Wertbindung der Berater für die Ratsuchenden, damit sie eine Unterstützung vor dem Werthintergrund finden können, mit dem sie vertraut sind.

Großes Gewicht sollte der über die Kinder weiterbestehenden Beziehung von Eltern nach der Scheidung beigemessen werden. Gemeinsame Elternschaft bezieht sich auf einen Familienzusammenhang, dessen Realität nicht völlig aufzulösen ist. Dass dies im Bewusstsein Geltung behält, würde durch Scheidungsrituale unterstützt, wie sie in der Schweiz und anderswo erprobt werden als „Segnungsfeiern für Menschen in besonderen Lebenslagen", die für Geschiedene ebenso durchgeführt werden können wie für Eltern, deren Kind tot geboren wurde, für Menschen, die Jubiläen feiern oder an einer schweren Krankheit leiden (zeitzeichen 4/2001/8 bezogen auf einen Beschluß der Evangelisch-Reformierten Kirche Bern-Jura

1999). Rituelle Handlungen helfen, Lebensübergänge bewusst abzuschließen und neuen Raum für die Zukunft zu schaffen. „Die Kirche gibt nicht den Segen zur Scheidung an sich, sondern sie segnet die beiden Menschen, die als Geschiedene weiterleben müssen", sagt die Seelsorgerin Andrea Marco Bianca.

Hier wie im ganzen Abschnitt zeigt sich, dass der Ehe und der Familie weder die in den letzten Jahren geübten Liberalisierung gerecht wird noch die überlieferten Ehevorstellungen, sondern dass es gilt, neue Ansprüche an ein achtungsvolles Verhalten aller Mitglieder einer kleinen Gemeinschaft untereinander anzuerkennen, auch in den Angeboten der Gemeinschaften (z. B. Kirchengemeinden) und der Hochschätzung stabiler menschlicher Werthaltungen („Moral"), die sich in den vom Staat angebotenen Rahmenbedingungen niederschlägt: Über 25 % der Alleinerziehenden (mit oder ohne vorausgegangene eheliche Bindung) mit minderjährigen Kindern beziehen Sozialhilfe. Eine zuverlässige Grundsicherung wäre angemessener.

Auch für die Diskussion um die gemeinsame Elternschaft von gleichgeschlechtlichen Partnern lassen sich Gesichtspunkte aus der Vorstellung einer gleichrangigen Partnerschaft gewinnen.

3 Ehen ohne leichtes Aus

Die Eisdiele an der Ecke beginnt jetzt plötzlich, nachdem sie jahrelang nur Eiscreme verkauft hat, zusätzlich auch gefrorenen Joghurt anzubieten. Ist dies nun eine Zumutung für die Kunden, von denen man jetzt verlangt, sich zwischen beidem zu entscheiden? Werden sie nun dadurch zum Nachdenken gezwungen?

In dieser Art und Weise haben einige Kritiker das neue Gesetz in Louisiana charakterisiert, das den Ehepaaren die Möglichkeit eröffnet, zwischen der Standardehe, also der Ehe ohne Verschuldensprinzip, und der Vertragsehe zu wählen.

Eheleute, die eine Vertragsehe wählen, verpflichten sich, die Ehe erst nach ernsthafter Selbstprüfung einzugehen. Sie einigen sich darauf, mögliche Ehekonflikte durch Beratung zu lösen zu suchen, wenn einer der beiden Partner es wünscht. Eine Scheidung werden sie erst nach beiderseitiger Zustimmung zu einer Trennung nach zwei Jahren vornehmen oder bei Vorliegen einer begrenzten Zahl von Umständen wie Ehebruch, sexuellem Missbrauch, Gefängnisstrafe wegen eines Kapitalverbrechens und bei Verlassen der Ehe. Das Gesetz gestattet es den Eheleuten, ihre Eheversprechen zu erneuern und ihre Verpflichtung zu einer Vertragsehe neu zu bekräftigen.

Grundsätzlich bietet das neue Gesetz den Ehepartnern einen vorgefertigten Vertrag an, der – wie alle Verträge – vom Staat durchgesetzt werden kann, sobald er in freier Entscheidung eingegangen wurde. Tatsächlich führt Louisiana hiermit eine neue Art des vorehelichen Einverständnisses ein, das nicht regelt, was bei der Scheidung mit dem Vermögen geschehen soll, sondern das darauf abzielt, die Scheidung überhaupt weniger wahrscheinlich zu machen.

Die Legislative in Louisiana, die ja weithin nicht gerade für ihre sozialen Innovationen bekannt ist, gerät wegen dieses phantasievollen Gesetzes in die Kritik. Einige Kritiker haben gemeint, durch das Gesetz werden die Eheleute neuen Zwängen unterworfen, insofern von ihnen gefordert werde, eine Wahl zu treffen zwischen der alten Ehe ohne Verschuldensprinzip und der neuen Vertragsehe.

Die feministische Schriftstellerin Katha Pollit kritisierte, das Gesetz „zwinge" die Eheleute, eine Wahl treffen zu müssen. Margaret Carlson vom Time Magazine hat sogar gemeint, die Wahl bestünde nur „theoretisch", denn nun würden Ehepaare, wie sie vermutet, nicht mehr wagen, „marriage lite" zu wählen gegenüber der „Ehe plus". Wenn diese Frau doch nur Wetten annehmen würde!

Die meisten von uns würden der Auffassung zustimmen, es sei das genaue Gegenteil von Zwang, wenn man es dem Einzelnen gestattet, eine Wahl zu treffen. Tatsächlich bietet die Legislative in Louisiana ein Modell dafür, wie ein Staat das, was er als Tugend betrachtet, fördern kann – in diesem Fall beständige Ehen –, indem er den Menschen die Möglichkeit bietet, sich tugendhaft zu verhalten, sie aber nicht straft, wenn sie ihre Entscheidung nicht in diesem Sinne treffen.

Wenn man diesen Ansatz auf andere Gebiete überträgt, dann würden mehr Lehrer ihren Schülern erlauben, Extra-Schulaufgaben zu machen, um eine schlechte Note zu verbessern, statt die Schüler nur zu ermahnen, es das nächste Mal besser zu machen. Abtreibungsgegner könnten ihre Forderung nach einem Abtreibungsverbot aufgeben und stattdessen mehr schwangeren Frauen Hilfsdienste anbieten und bei der Adoption behilflich sein. Ein Staat kann einige Verhaltensweisen gegenüber anderen stärker begünstigen, aber er sollte sie dadurch fördern, dass er den Leuten erweiterte Wahlmöglichkeiten bietet, statt sie zu zwingen, sich in einer vorbestimmten Weise zu verhalten. Eheleute in Louisiana, die es eilig haben zu heiraten oder es aus irgendeinem Grunde ablehnen, ihre Ehe so sorgfältig zu planen, müssen deswegen nicht die Flucht ergreifen; sie werden weiterhin in der althergebrachten Weise heiraten können nach dem Nicht-Verschuldensprinzip.

Wir alle profitieren davon, wenn diejenigen, die den Bund schließen, auf ihre eingegangene Verpflichtung gut vorbereitet sind. Eine Scheidung ist sicherlich manchmal unumgänglich. Aber die meisten Scheidungen richten Schaden an, sind für alle

Beteiligten schmerzhaft und kostspielig. Darüber hinaus zeigen Untersuchungen, dass mehr als 20 % derjenigen, die voreheliche Beratung in Anspruch nehmen, sich entscheiden, nicht zu heiraten und sich damit eine schlechte Ehe und eine schmutzige Scheidung ersparen.

Einige Kritiker des Louisiana-Gesetzes haben argumentiert, dass das Hinauszögern der Scheidung eine armselige staatliche Politik sei, weil es für Kinder besser ist, wenn sich befehdende Eltern sich trennen; sie sind dann nicht länger dem andauernden Streit oder dem feindseligen Schweigen ausgesetzt.

Aber unser Problem hier sind nicht physisch oder psychisch verletzende Ehen, weil sie ohne große formale Schwierigkeiten auch nach dem neuen Gesetz aufgelöst werden können. Aber im Falle von zwei Menschen, die sich einfach auseinander gelebt haben oder in anderer Hinsicht unzufrieden mit sich sind, wird eine Scheidung um mindestens zwei Jahre statt wie bisher in der Regel um sechs Monate verzögert. Diese Zeitspanne könnte dem Ehepaar eine Chance geben, die Dinge nochmals gründlicher zu überdenken.

Es geht hier nicht um die Frage, ob unser Scheidungsrecht auf den kleinen Prozentsatz von Ehen zugeschnitten werden sollte, die unter schweren gegenseitigen Verletzungen leiden, sondern ob die jetzige gesetzliche Regelung die Scheidung zu sehr erleichtert oder erschwert. Gibt es denn wirklich Millionen von Ehepaaren, für die eine hinausgezögerte Scheidung schwerwiegenden, irreparablen Schaden anrichten würde? Oder ist es nicht vielmehr so, dass viele Ehepaare zu schnell auseinander gehen?

Um es anders auszudrücken: Sollte es für Ehepaare lediglich „Wegwerf-Eheschließungen" im Angebot geben, oder sollte nicht doch auch eine Wahlmöglichkeit bestehen, die sie ermutigt, energischer am Erhalt ihrer Ehen zu arbeiten?

Das Louisiana-Gesetz ist weit entfernt davon, sich den Stimmen anzuschließen, die die Ehe nach dem Nicht-Verschuldensprinzip abschaffen und sie durch ein Gelöbnis ersetzen wollen, das die Scheidung rigoros einschränkt. Es hat vielmehr den Eheleuten die Wahl vollkommen überlassen: Bevorzugen sie einen Start in die Ehe mit der Aussicht auf einen leichten Ausstieg, oder sind sie entschlossen, ein wenig zu bremsen, bevor sie sich trennen?

Die Tatsache, dass einige Kritiker Einwände gegen diesen bescheidenen, moderaten Schritt vorbringen, offenbart, was falsch ist an unserer scheidungsfreudigen Kultur.

Kommentar:

In der Bundesrepublik wurde das Verschuldensprinzip 1974 abgeschafft.

In der eigenen Familie machen die Kinder Erfahrungen mit der Partnerschaft der Eltern und nehmen teil an deren Krisen. Das lässt sich nicht vermeiden und kann die Einfühlsamkeit stärken, wenn diese Krisen bewältigt werden, was bedeutet, dass Kinder die Balance von Selbstverwirklichung und Verantwortlichkeit kennen lernen. Das kommunitarische Familienbild kennt die Spannung zwischen Wunsch und Wirklichkeit. Programme von öffentlichen und privaten Trägern zur Stärkung der Familie werden angeboten. Sie können den Erziehenden und den zu Erziehenden helfen, verantwortliche Entscheidungen zu treffen.

4 Mut zur Familie

Große Aufmerksamkeit wurde während dieser Präsidentschaftskampagne den „intakten Familien" gewidmet. Politiker sollten aber deutlicher zur Kenntnis nehmen, dass einer von drei Wählern ein Single ist – und eine beträchtliche Anzahl von ihnen es auch bleiben will. Viele von ihnen lassen sich vom Sirenengesang der Kritiker verführen, die behaupten, dass die Gesellschaft Eltern gegenüber den Kinderlosen bevorzugt.

Diese Kritiker, die Kinder als eine Belastung ansehen, beklagen, dass die Regierung diejenigen diskriminiert, die kinderlos sind – oder keine Kinder haben wollen. Zusätzlich, so klagen die Kritiker, werden Elternpaare von den Unternehmen begünstigt. Viele Firmen gestatten es den Eltern, eine Auszeit zu nehmen, um die Hausaufgaben ihrer Kinder zu betreuen, ein Privileg, das nicht auf diejenigen ausgedehnt wird, die auch dringend etwas zu erledigen haben: die ihren Psychiater, den Finanzberater oder die Geliebte aufsuchen müssen.

Die freiwillig Kinderlosen fühlen sich weitgehend von der Gesellschaft drangsaliert. So werden sie immer wieder gefragt, wann sie sich endlich häuslich einrichten und das einzig Richtige tun werden. Ja, sie werden sogar mit Fragen traktiert, die selbst eine Schwiegermutter besser nicht stellen sollte. Als ob sie das Ganze noch schlimmer machen wollten, klagen manche, die freiwillig kinderlos sind, dass fremde Kinder ihre Mußestunden durch lautes Spielen und Üben mit ihren Musikinstrumenten stören. Und schließlich noch das ganz Ungeheuerliche: Kaum hat ein Single nach einem langen Arbeitstag bei einem Glas Chablis angefangen sich zu erholen, und schon ist es dank des nachbarlichen Kindergeschreis um seine Ruhe geschehen.

Die Geschichtsprofessorin Elinor Burkett hat die Bewegung „Befreit-uns-von-Kindern" ins Leben gerufen und einige Bücher dazu verfasst. Der Untertitel eines dieser Bücher sagt alles: „Wie das familienfreundliche Amerika die Kinderlosen übers Ohr haut". So jammert Burkett zum Beispiel darüber, dass es unwürdig sei, wenn Arbeitnehmer Überstunden im Büro machen müssen, weil eine Kollegin unbedingt früher weg muss, um ihre Sprösslinge mit dem Auto zum Fußballtraining zu fahren.

Vor allem jammert sie über den monumentalen Transfer von Reichtum – „die massivste Umverteilung von Reichtum seit der Kriegs-Armut" –, die unsere Regierung vornimmt, indem sie alle und jeden besteuert, aber dann zahllose Dienstleistungen und Sondervergünstigungen ausschließlich den amerikanischen Müttern und Vätern zukommen lässt.

Zu den weiteren Verfechtern der Kinderlosigkeit gehören Carolyn M. Morell, Autorin des Buches „ Unweibliches Benehmen: Der Reiz der absichtlichen Kinderlosigkeit", und Jerry Steinberg, Gründungs-Nichtvater von „No Kidding". („Kein Scherz" oder „Kein Kinderkriegen"). Dies ist eine schnell wachsende Organisation, die bis vor fünf Jahren nur zwei regionale Ableger, heute aber 53 hat. Daneben gibt es die unvermeidlichen Websites wie z. B. *„Schreihälse!"*, *„Kinderlose Familien"* und *„Freiwillig kinderlos"*. Bedeutend größer ist die *American Association for Singles*, der man durchaus zutrauen kann, die Ideen zu unterstützen, die von den Kreuzrittern der Anti-Kinderbewegung verkündet werden.

Man könnte versucht sein, dieses Unterfangen, sozialen Bewegungen nachzueifern, die einen schweren sozialen Missstand darstellen, als schlechten Witz zu betrachten. Aber die wachsende Arbeitsbelastung und die hohen Kosten der Kinderaufzucht entmutigen bereits viele Menschen, überhaupt Kinder zu bekommen. Angehörige der Mittelklasse heiraten später und haben tatsächlich weniger Kinder.

Jede signifikante Verringerung der Kinderzahl wird uns in dieselben unruhigen Gewässer führen, durch die sich andere Gesellschaften – besonders Japan und Deutschland – gerade hindurchquälen: immer mehr Menschen, die Unterstützung erhalten, und immer weniger Arbeitnehmer, die für sie aufkommen müssen.

Dies ist in der Tat ein Thema, zu dem die Ohne-Kind-Befürworter seltsamerweise schweigen: Von wem erwarten sie eigentlich betreut zu werden, wenn sie alt und gebrechlich geworden sind? Von den Kindern anderer Leute?

Man könnte gewichtige Argumente dafür vorbringen, dass wir mehr für diejenigen tun sollten, die Kinder großziehen. Wir sollten damit nicht warten, bis wir ein Kinderdefizit haben und den Weg anderer Gesellschaften einschlagen müssen.

Frankreich zum Beispiel hat Prämien ausgesetzt, um Ehepaare zu ermutigen, Kinder zu bekommen; es garantiert auch jungen Müttern zwischen 16 und 24 Wochen bezahlten Mutterschaftsurlaub. Das Letzte, was wir tun sollten, ist die spärlichen Beihilfen zu kürzen, die unsere Gesellschaft den Eltern immerhin gibt. Steuerliche Vergünstigungen und flexible Arbeitszeiten signalisieren doch insgesamt, dass die Gesellschaft Kinder sehr wohl als wesentlich für den Erhalt der Zukunft, für ihre Vitalität, für ihr Fortbestehen betrachtet.

Doch das Hauptargument, sich für Kinder zu entscheiden, sind nicht die staatlichen Beihilfen, die Eltern bekommen. Wie die freiwillig Kinderlosen sicher schon gehört haben werden, ist der eigentliche Grund, warum es empfehlenswert ist, Kinder zu haben, dass die meisten von ihnen sich zu einer unübertroffenen Quelle von tiefster Freude und großem Stolz entwickeln. Ich sage „sich entwickeln", weil ich als Vater von fünf Kindern mir vollkommen der schlaflosen Jahre und der Sorgen und Ängste, wenn eines von ihnen zum Arzt musste, bewusst bin und auch von den Schwierigkeiten weiß, in die sie in der Schule geraten können (nicht zu erwähnen jene auf dem Weg dorthin und zurück) usw.

Aber nichts mir Bekanntes kommt dem strahlenden Gesicht eines Kindes gleich, das zur Tür gelaufen kommt und Daddy! Daddy! ruft und dich mit seinen zarten Armen umschlingt. Und nur selten ist eine Mutter so stolz wie beim Anblick der Fingermalerei ihrer Tochter oder angesichts der sehr guten Noten ihres letzten Zeugnisses.

Es stimmt natürlich, einige Kinder geraten trotz der besten Bemühungen ihrer Eltern auf Abwege und bereiten ihnen großen Kummer. Aber später kommen die meisten doch wieder auf die richtige Bahn, worüber man sich sogar noch mehr freuen kann, als wenn ein Kind ohne besondere Irrwege unangefochten durchs Leben segelt.

Mir tun, schlicht gesagt, Menschen Leid, die es ablehnen, Kinder zu haben. Durch Babysitten für andere und Einladungen an Neffen und Cousinen schafft man sich nicht wirklich Ersatz für das, was einem fehlt. Diese Menschen gehen ohne eine letztlich unersetzliche menschliche Erfahrung durchs Leben. Sie würden vom Leben viel weniger verpassen, wenn sie nie ihre Heimatstadt verlassen würden oder wenn es ihnen untersagt wäre, Musik zu hören und Bücher zu lesen.

Zugegeben, es gibt einige Leute, die von ihrer Veranlagung her nicht geeignet sind, Kinder großzuziehen, und es ist für uns alle besser, wenn sie wirklich auch keine bekommen. Aber man kann nicht umhin, Trauer für diejenigen zu empfinden, die sich nur deswegen zurückhalten, Kinder zu bekommen, weil sie sie als „unbequem" betrachten. Sie haben noch nicht begriffen, worauf sie verzichten.

Kommentar:

Die Familie ist zuerst gefragt, doch die Geburten gehen zurück. Das Bundesverfassungsgericht fordert die wirtschaftliche Besserstellung von Familien mit Kindern. In kleinen Schritten ziehen die politischen Entscheidungsträger nach. Genügt das? Welche Wertvorstellungen verbinden wir in der Gesellschaft mit dem Zusammenleben in der Familie? Die Generation im jetzt generativen Alter hat schon früh an sich selbst erlebt, dass „zu viele" Altersgenossen sie umgaben: in überfüllten Kindergartengruppen, Schulklassen und Hörsälen. Frauen und Mütter sind hoch motiviert für das Berufsleben, dessen Werte in der Konkurrenzgesellschaft obenan stehen. Väter haben die überlieferte Rolle des Ernährers der Familie eingebüßt und sind verunsichert.

Die Frage ist ernst zu nehmen: Wozu Familie, wozu Kinder? Die kommunitarische Antwort: Kinder zu haben ist das höchste Glück. Zugleich ist es eine Aufgabe der Familie, das soziale Netz, das sie den Kindern bietet, so zu knüpfen, dass diese früh selbst zu tragenden – und nicht nur getragenen – Mitgliedern der Familien, Gemeinschaften und damit der Gesellschaft werden.

Wer aus eigener Entscheidung kinderlos bleibt, soll sich nicht beklagen. Immer deutlicher wird aber, dass für eine wachsende Zahl von Paaren die Tür zur Elternschaft nicht verschlossen bleiben muss, auch mit bislang unbekannten Möglichkeiten medizinischer Unterstützung. Diese fordern zu moralischen Dialogen mit neuen Inhalten heraus: Gibt es „ein Recht auf Kinder"?

Familien- und Erwerbsarbeit sind in Deutschland heute noch so gut wie unvereinbar. Nicht von ungefähr ist ein riesiger Schwarzmarkt bei der Kinderbetreuung entstanden. Das Deutsche Institut für Wirtschaftsforschung ist jüngst mit einem pragmatischen Vorschlag an die Öffentlichkeit gegangen: Eltern sollten Gutscheine bekommen, mit denen sie die Betreuung ihrer Kinder bezahlen können, damit Eltern als Nachfrager auftreten und die Subventionen nicht in erster Linie an die Anbieter-Institutionen gehen, sondern an die, die etwas von diesen Institutionen wollen. Eltern bekämen das Mandat und könnten die Bedürfnisse ihrer Kinder – und auch ihre eigenen – besser geltend machen, um ohne staatliche Vorgaben Erziehungsleistungen dort „einzukaufen", wo sie am überzeugendsten angeboten werden – eine Chance für die im Grundgesetz garantierten, aber im europäischen Vergleich verschwindend wenigen Privatschulen – in den Niederlanden beträgt der Anteil 70 %, in Großbritannien 20 %, in Spanien 32 %, in Belgien 50 %, in Deutschland weniger als 5 %, obgleich in Artikel 6 und 7 des Grundgesetzes eine Errichtungsgarantie von privaten Schulen verankert und eine entsprechende Förderung des Staates einzufordern ist.

Um den Bevölkerungsrückgang aufzufangen, stellen sich die Parteien auf eine Zuwanderungspolitik ein. Die öffentliche Diskussion bewirkte einen breiten Einstellungswandel zu dieser Perspektive und damit für das Wagnis einer multikulturellen Zukunft (siehe S. 129).

MEDIEN

1 Erziehung per Handy

Hier eine sensationelle Neuigkeit: Die elterliche Erziehungskrise ist vorbei; vergessen sie das Kinderhüten live. Rettung kommt in Gestalt der neuen elektronischen Fern-Erziehung.

Die Pionierin der neuen Bewegung ist, wie man hört, Mary Croft, eine Rechtsanwältin, die beruflich so engagiert ist, dass sie keine Zeit hat, um mit ihrer 12-jährigen Tochter über Tagesereignisse in der Schule zu plaudern, über Dinge, die so zwischen Jungen und Mädchen ablaufen, oder gar um ihre Zustimmung zu geben, wenn ihre Tochter bei einer Freundin übernachten will. Stattdessen hat Mary ein Piepser-Set gekauft, damit ihr Kind ihr einen Wink geben kann, wenn es dringend mit ihr sprechen muss, während die Rechtsanwältin in der Gegend herumdüst und sich mit besonderer Sorgfalt um ihre Klienten kümmert. Leider aber haben sich diese Piepser als nicht genügend wirkungsvoll erwiesen. Mary erlebte häufig, dass die Telefonzellen an den Straßenecken oder die Boxen am Flughafen besetzt waren, wenn sie gerade eine Minute erübrigen konnte, um ihre Tochter, nachdem diese sie angepiepst hatte, zurückzurufen. Mary kam auf eine überaus kluge Idee – sie ergänzte die Mutter-Tochter-Verbindung durch ein Paar Handys! Wenn Mutter jetzt einen Moment Pause macht – wenn sie z. B. das WC aufsucht, die Autobahn entlangrast oder wenn die Klienten um eine Verschnaufpause bitten –, dann kann sie, wenn alle geschäftlichen Anrufe erledigt sind, sich etwas Zeit nehmen, ihre Tochter anpiepsen und mit ihr telefonieren.

Völlig unbegründet ist nun aber die Besorgnis von Eltern, die neuen elektronischen Familienbeziehungen könnten eventuell nicht so zärtlich sein wie das altmodische Geplauder und die Umarmungen beim Zubettgehen, auf dem Weg vom stillen Örtchen oder während Mutter Geschirr in die Maschine stapelt. Sie können sich beruhigt auf die Aussage eines Professors der Psychologie, auf Laurence Steinberg von der Temple University, verlassen, dass elektronisch überwachte Kinder nicht in größere Schwierigkeiten geraten als die, die in unmittelbarem Kontakt mit der Familie aufwachsen. Und wenn Eltern noch weitere beruhigende Garantien brauchen, dann müssen sie nur die modisch aufgemachten Werbesprüche lesen, mit denen diese Wahnsinnsgeräte verkauft werden. Eltern, die Sehnsucht nach ihren Lieben verspüren und ihnen auf drahtlosem Wege, auch über große Entfernungen, nahe sein wollen, erfahren dort, dass sie die große Bewegung der Zukunft sind, Meister der Fernerziehung oder noch futuristischer: der virtuellen Erziehung.

Die ganze Sache hat jedoch einen Haken, wie der Professor zugibt. Damit die Betreuung aus großer Ferne funktioniert, brauchen Kinder klare und fest eingespielte Routine. Wenn die erst einmal vorhanden ist, können Eltern anrufen und überprüfen, ob ihre Sprösslinge, wie vereinbart, den Fernseher ausgeschaltet und sich an die Hausaufgaben gemacht haben; ob sie das leckere Thunfisch-Sandwich in der Mikrowelle gefunden oder daran gedacht haben, den Hund auszuführen, der ja diese Pieps-Kommunikation noch nicht beherrscht. Nun werden manche Eltern fürchten, dass die Kinder dieser High-Tech-Familien nur allzu schnell herausfinden könnten, wie man das ganze System austrickst, nämlich die Glotze schnell ausschalten, wenn das Telefon klingelt, beim dritten Piepser treuherzig versichern, man sei zu Hause, obwohl man sich tatsächlich in der Hausbar eines Freundes aufhält, usw. Doch diese Eltern sollten sich keine unnötigen Sorgen machen. Die Industrie ist nämlich ganz sicher schon intensiv dabei, Bild-Handys zu konstruieren, ausgestattet mit Positions-Detektoren, die über Satellit den genauen Aufenthaltsort des Kindes ermitteln, das gerade ins Handy spricht. Wenn das alles nichts bringt, können Eltern, die echt im Trend sind, die Videokameras zum Einsatz bringen, die in Teddybären und ähnlichen Dingen eingebaut sind – ursprünglich um zu kontrollieren, ob die Kindermädchen alles richtig machen, aber nun auch, um nach ihren Kindern zu sehen –, natürlich nur zu deren Wohl.

Die „quality time" hat längst die „quantity time" in vielen unter Volldampf stehenden Familien ersetzt. Wenn man vom Zeitdruck ausgeht, unter dem viele erfolgreiche Eltern und deren Kinder stehen, dann ist die Vorstellung längst überholt, dass erzieherisch günstige Gelegenheiten, bei denen sich ein Kind wirklich der elterlichen Zuwendung öffnet, sich zu unvorhergesehenen Stunden einstellen, irgendwann während eines längeren Spaziergangs oder einer sich hinziehenden Unterhaltung während eines Verkehrsstaus, kurz: während einer „quantity time". Es geht mir hier nicht um altmodische Eltern, die noch an die Notwendigkeit häuslicher elterlicher Präsenz glauben, solange die Kinder minderjährig sind, sondern um durchaus schon moderne Eltern, die bisher pro Woche einige Stunden für ihre Jüngsten zu reservieren versuchen. Viele scheinen es heute für erwiesen zu halten, dass man untereinander nach Bedarf in Kontakt treten kann, und zwar zu einer Zeit, die zur Pflege der Beziehungen reserviert ist: „Sag mir schnell, Jimmy, bevor mein Telefon wieder läutet oder ich wieder zu meinem nächsten Termin muss, was hast du für Probleme mit Rachel?" Der neueste Dreh ist, dass die „quality time" von Angesicht zu Angesicht ersetzt wird durch „quality"-Telefonate. So äußert sich z. B. Jane Maddow, eine Steuerberaterin: Mobiltelefone seien ein unverzichtbarer Bestandteil ihrer Kindererziehung; sie versicherte ihrer Mutter, dass sie sogar während ihrer arbeitsintensivsten Zeit alles andere beiseite räumt, um so sicherzustellen, mit jedem ihrer zwei Buben mindestens fünf Minuten telefonisch plaudern zu können, in der Regel dann, wenn sie aus der Schule nach Hause kommen.

Eltern, die erst vor kurzem Kinder bekommen haben, sollten sich hier nicht übergangen fühlen. Eine Gruppe unserer klügsten und besten Informatik-Studenten an der Rice University arbeitet an einem Gerät, das man sehr zutreffend als intelligente Bettdecke bezeichnet. Diese wird einmal, wie uns die studentischen Forscher versichern, die Eltern davon erlösen, ängstlich auf die Babyphone zu lauschen, an die ihre Babys angeschlossen werden, wenn ihre Eltern ausgehen. Die „Bettdecke" spielt nämlich besänftigende Musik oder spricht zuvor aufgezeichnete zärtliche Worte der Eltern, wenn ihr Kleinkind Schreie geringer Intensität von sich gibt. Der nächste logische Schritt ist dann, die Wiege zum Schaukeln zu bringen, wenn das Kind Schreie mittlerer Intensität hören lässt. Die Studenten versichern uns jedoch, dass die intelligente Bettdecke den Eltern zuverlässig ein Signal übermittelt, wenn die Kleinen mit höchster Intensität schreien.

Eltern sollten diese Dinger immer gut in Schuss halten. Denn zu ihrem nächsten Jahrestag sollten sie auf ein Piepsen und einen Anruf gefasst sein. Kosten spielen dabei keine Rolle, da die Kinder ja gut trainiert wurden, Telefonate kurz zu halten, schließlich hat sie ja das ständige Besetztzeichen belehrt, dass auch andere Teilnehmer ihre Eltern zur Elternzeit sprechen wollen.

Familienzusammenkünfte, besonders während der Festtage und Ferienzeiten, wenn viele unterwegs sind und die Verkehrswege überlastet sind, werden bald durch elektronische Konferenzschaltungen ersetzt werden. Und wenn Eltern alt werden, dann sollten sie unbedingt ein Modem dabei haben, wenn man sie in ein Pflegeheim steckt; E-Mails werden dann ganz sicher von ihren Kindern eintreffen – wenn es die Zeit erlaubt.

Kommentar:

Überflüssig! Der Mensch macht sich permanent für andere verfügbar, gerät öfter unter Stress und kommt weniger „zu sich selber". Einsamkeit muss nicht ausgehalten werden. Weitere Aspekte sind im Familienbudget entstehende Kosten – manche Jugendliche mögen zwar fünf telefonische Minuten „quality time" mit ihrer Mutter verbringen, sonst aber stundenlang mit ihren Freunden quatschen, was nicht selten zu monatlichen Handy-Rechnungen von einigen hundert Mark führt. Können die Eltern, indem sie diese begleichen, ihre Verbundenheit und Nähe zu den Kindern ausdrücken? Außerdem sind die gesundheitlichen Auswirkungen des dicht am Ohr des Hörers oder in der Nähe von Funkantennen auftretenden Elektrosmogs noch weitgehend ungeklärt. Allerdings kann drahtlose Vernetzung auch zu größerer Sicherheit beitragen – denn wie oft dauert es viel zu lange, bis man bei einem Unfall oder einem anderen Notfall eine öffentliche Telefonzelle oder Notrufsäule findet – und auch zu eigenen Formen von Intimität führen, aber das ist ein weites Feld.

2 Das Internet verbindet

Kein Sachverhalt ist für eine falsche Dichotomie so gut geeignet wie das Verhältnis zwischen virtuellen und realen Gemeinschaften. Denn es sind keine Gegensätze, sie schließen sich nicht gegenseitig aus, sind aber auch nicht notwendigerweise gleich gut brauchbar für dieselben Zwecke.

Zum Beispiel ist das Argument, virtuelle Gemeinschaften könnten nicht leisten, was reale Gemeinschaften können – eine verbreitete Ansicht übrigens –, vergleichbar dem damals gehörten Argument, als das „Model T" (das berühmte Tin Lizzy-Modell von Ford) vom Fließband rollte, dass Autos nicht das könnten, was Pferde können: unsere Freunde werden. Aber beide Transportmittel bringen uns ans Ziel, und Autos besitzen einige offenkundige, unvergleichliche Vorteile.

Die einfachen virtuellen Gemeinschaften sind heute in mehrfacher Hinsicht wirkungsvoller als die realen. Wenn man sich einsam oder traurig fühlt, kann man jederzeit online gehen, nachschauen, wer von den eigenen Kumpeln da ist, und ihn besuchen. (Man versuche dies einmal in der Bar nebenan am Sonntagmorgen um 7 Uhr.) Bei Schneesturm oder wenn man mit einer Erkältung im Bett liegt, nicht sonderlich mobil ist und sich scheut, auf die Straße zu gehen, dann schafft man es wohl nicht, bis zum nächsten Kaufladen oder Altenzentrum zu gelangen. Aber man kann sich jederzeit einloggen.

Wenn ein Auto etwas fertig bringt, was man zuvor nur einem Pferd zugetraut hatte, wie z. B. Zuneigung zu erwecken, dann ist das doch erstaunlich. Ebenso erstaunlich ist, dass mehrere wichtige Merkmale der realen Gemeinschaften sich allmählich auch online verwirklichen lassen, wenn auch in anderer Form als offline – in Formen, die natürlich ihre eigenen Stärken und Schwächen haben.

Ein wesentliches Merkmal der Gemeinschaften ist, dass sie sich weitgehend selbst überwachen. Reale Gemeinschaften reduzieren die Rolle des Staates, der Polizei und der Gerichtsbarkeit dadurch, dass sie sich auf Geplauder verlassen. Man weiß einfach, welches Kaufhaus man meiden muss und wer vermutlich das Dach rechtzeitig reparieren kann, und zwar aufgrund eines feinsinnigen Systems, das durch offline-Geplauder den jeweiligen Ruf einschätzt und ihn auf den neuesten Stand bringt.

Online-Gemeinschaften müssen auch Wege finden, dasselbe zu tun. Bei online-Auktionen geht zumindest ein Teilnehmer ein Risiko ein; dies ist oftmals der Käufer, gelegentlich aber auch der Anbieter. Hierbei ist jeder Teil sehr daran interessiert, den Ruf des anderen kennen zu lernen. EBay, die riesige Auktions-Site (...), löst dieses Problem durch ein geniales System der Bewertung der Kreditwürdigkeit. (...) Nach Auktionen oder Geschäftsabschlüssen werden sowohl Verkäufer wie Käufer gebeten, sich gegenseitig zu beurteilen. Als Ergebnis dieser Prozedur erhält jeder Teilnehmer eine Punkte-Liste, die die Anzahl der positiven und negativen Einschätzungen („comments“) enthält, die man bekommen hat. Alle werden online verschickt.

Kürzlich hatte ich vor, ein Gebot auf ein Buch der Politikwissenschaft von Harold Laski bei einer online eBay-Auktion zu machen. Um die Glaubwürdigkeit der Verkäuferin zu erkunden, schaute ich mir die sie betreffenden Rückmeldungen anderer Anbieter und Käufer an. Sie hatte 30 positive Einschätzungen erhalten und nur eine Beschwerde. Alle Einschätzungen waren aufgelistet; eine typische positive Stellungnahme kam von einem Verkäufer (dessen eigene Bewertung sehr hoch lag: 1502 Punkte), der schrieb: Schnelle Bezahlung, angenehmes Verhandlungsklima. (...) Die negative Stellungnahme überzeugte mich nicht. Die Anbieterin schien also vertrauenswürdig.

Nachdem ich mich intensiver darauf eingelassen hatte, fand ich heraus, dass der eBay-Monitorname und seine Nummer über jeder negativen oder positiven Stellungnahme erscheint. Wenn ich also diesen Hinweis nutzte, konnte ich die Vertrauenswürdigkeit eines Beschwerdeführers ermitteln. Das System scheint wie ein Zauber zu wirken: Bei weniger als 1 % der eBay-Auktionen ist Betrug mit im Spiel, sagte eBay-Sprecher Kevin Pursglove.

Es gibt keine vergleichbare Statistik über zufriedene Kunden in Offline-Gemeinschaften, die tatsächlich nicht so gut abschneiden könnten. Offline-Geplauder ist allerdings nuancierter. Man stellt z. B. fest, dass jemand diesmal seine Überweisung nicht getätigt hat, weil seine Frau gerade entdeckt hatte, dass sie an Brustkrebs erkrankt ist, also wird man diesem Kunden noch einmal verzeihen. Das eBay-System andererseits umfasst Millionen von Menschen, während reale Plauder-Gemeinschaften höchstens etwa 1000 umfassen können.

Virtuelle Gemeinschaften können nicht annähernd so viele genaue und umfassende Kenntnisse über Mitglieder vermitteln wie reale Gemeinschaften. Aber sie können viel mehr Menschen einbeziehen. Des einen Trumpfkarte ist Tiefe, des anderen Breite (der Bindungen). Wie das Ansehen, so ist auch Vertrauen sowohl online wie offline entscheidend. Damit Geschäftsabschlüsse störungsfrei abgewickelt werden können, müssen Menschen einander vertrauen. In realen Gemeinschaften haben die Leute das nicht nötig. Man hat ihnen seit ihrer Kindheit beigebracht, immer vorauszusetzen, dass Mitglieder von Gemeinschaften gute Menschen sind. Man hält es für unangebracht, Mitgliedern zu misstrauen, es sei denn, es gäbe einen Grund dafür.

Die meisten virtuellen Gemeinschaften gehen von der entgegengesetzten Annahme aus: Ich kenne sie nicht persönlich, nur ihren Online-Decknamen, wie sollte ich ihnen vertrauen können?

Aber drei Entwicklungen machen es möglich, dass das e-Vertrauen wächst. Für Geschäftsabschlüsse von geringem Wert (oftmals bis zu 250 Dollar) gewähren Auktions-Gemeinschaften eine gebührenfreie Versicherung, die alle Waren oder Zahlungen abdecken, die nicht geliefert oder überwiesen werden. Für größere Mengen oder Beträge dient i-Escrow als eine Form der elektronischen Vertrauensbildung für viele Sites, inklusive der GO.com (...). Nach Beendigung einer Auktion hinterlegt der Käufer das geschuldete Geld bei i-Escrow. Der Verkäufer wird danach aufgefordert, die Ware zu liefern. Sobald der Käufer feststellt, dass er das Handelsgut erhalten hat, sendet i-Escrow das Geld an den Verkäufer.

Wenn es sich um Fragen der Qualität handelt, z. B. beim Kauf von Briefmarken oder Pokemon-Spielkarten, kann man die Qualität durch Schätzer bestimmen lassen, wie sie in der International Society of Appraisers organisiert sind. (...)

Der Verkäufer kann dann die von dort erhaltenen Auskünfte per E-Mail versenden oder ausgedruckte Schätzungs-Gutachten an die interessierten Käufer verschicken. Oder ein Käufer kann, sofern er mit i-Escrow arbeitet, ein Angebot an einen Schätzer übergeben, bevor er die Zahlung tätigt oder freigibt. All dies mag etwas kompliziert klingen, ist es aber nicht für diejenigen, die mit der Maus leben. Dies schafft wirklich ein vertrauenswürdiges e-System.

Reale Gemeinschaften pflegen sowohl Intimität als auch gegenseitiges Vertrauen, sobald Menschen sich kennen lernen und enge, herzliche Bindungen knüpfen. Man meint oft, dass solche Nähe im Cyberspace nicht hergestellt werden könne, weil die Leute dort ihre Anonymität genießen und ihr wahres Ich hinter Masken und falschen Darstellungen ihrer Identität verbergen.

Tatsächlich aber hat der Cyberspace die Mittel entwickelt, die nicht nur die Pflege von Intimität in Zweierbeziehungen ermöglicht (wie z. B. elektronische Flirts), sondern auch unter Gruppenmitgliedern. Man stellt sich diese Mittel am besten als Bausteine vor. Einige virtuelle Gemeinschaften beruhen nur auf einigen wenigen Bausteinen, während andere eine Menge davon zugrunde legen.

Wenn eine Gemeinschaft Intimität besitzen soll, dann muss sie, leider Gottes, einige Leute ausschließen. Reale Gemeinschaften grenzen Leute durch hohe Mitgliedsbeiträge aus (z. B. Eigentumswohnanlagen, Golfklubs) und verschiedenartige Beitrittskriterien (z. B. keine Kinder, keine Haustiere). Gemeinschaften dürfen in dieser Weise verfahren, solange sie damit nicht gegen Gesetze verstoßen, die rassischer Diskriminierung und einigen anderen Formen von Vorurteilen Einhalt gebieten sollen.

Indem sie den Kreis der Mitglieder homogen und klein halten – und, wenn möglich, auch stabil –, schaffen offline-Gemeinschaften Intimität. Zahlreiche virtuelle Gemeinschaften arbeiten auf ähnliche Weise, obwohl sie sehr viel freimütiger ihre internen Vorgänge offenlegen als reale. ECircles (...) zum Beispiel macht es jedem leicht, eine geschlossene Gemeinschaft zu gründen. Sowohl Yahoo als auch Excite bedienen Tausende solcher Clubs. Einige davon sind nicht nur exklusiv, sondern unsichtbar – sie sind nicht registriert. Andere stellen die Namen der Verwalter ins Netz, die die Aufnahmeanträge bearbeiten. Ferner ist die Größe solcher Gemeinschaften begrenzt, z. B. können die Excite-Clubs nicht mehr als 2000 Mitglieder aufnehmen. Der neueste Kniff ist, dass Excite es Gruppen von bis zu zehn Mitgliedern ermöglicht, akustische Konversation online in Realzeit zu pflegen.

Weitaus größere Intimität kann man erreichen, wenn Mitglieder einer e-Gemeinschaft ihre Anonymität aufgeben und die Identität der Mitglieder offengelegt wird.

Vor einiger Zeit ging ich in eines der 80 wenig bekannten H-Netze, die von der National Endowment for the Humanities (Nationale Stiftung für Geisteswissenschaften) betrieben werden. Sie sind für die Öffentlichkeit unzugänglich und umfassen Gruppen von Professoren, die sich z. B. auf französische Geschichte und Kultur spezialisieren oder aber, wie in meinem Fall, auf kommunitarisches Denken. Teilnehmer müssen sich um Aufnahme bewerben und viele geben ihren echten Namen auf dem Bildschirm an. Einige H-Netze – z. B. das zum Studium des Habsburgischen Weltreichs – überprüfen diese Identitäten.

Im Ergebnis kann man das, was man bisher schon über die Wissenschaftlerin X der Universität Y weiß, mit dem verknüpfen, was man von ihr im H-Netz hört. Sehr bald gewinnt man den Eindruck, als ob man sie allesamt kennt, als ob man sich in einer fortwährenden, persönlichen Begegnung befindet. Man erfährt, dass der Wissenschaftler A, dessen Arbeiten man schon lange bewundert hat, ziemlich begriffsstutzig ist und dass der Wissenschaftler B, den man immer in Verdacht hatte, er wisse nicht, worüber er eigentlich schreibt, ein sehr kontaktfreudiger Zeitgenosse ist. Anstelle von kleinen Dosen persönlicher Informationen von zweifelhafter Verlässlichkeit bekommt man eine ziemlich breite und zuverlässige Anzahl davon, was von großem Wert beim Aufbau von Vertrautheit ist, möglicherweise sogar zu viel für manchen Geschmack.

Es scheint so, dass e-Gemeinschaften den höchsten Grad an Vertrautheit nur dann erreichen können, wenn alle Bausteine dazu vorhanden sind: wenn die Teilnehmerzahl vergleichsweise niedrig gehalten, der Beitritt zur Pflege des gemeinsamen Interesses kontrolliert und die Internet-Masken der Teilnehmer fallen gelassen werden. Aber auch wenn eines oder zwei dieser Elemente fehlen, können es online-Gemeinschaften den Menschen dennoch ermöglichen, hohes Ansehen und gutes Vertrauen aufzubauen und Intimität zu pflegen, sehr ähnlich wie in offline-Gruppen. Sie tun dies jedoch auf andere Art und Weise und können vor allem mehr Menschen bei Tag und Nacht, bei Regen oder Sonnenschein erreichen.

Kommentar:

Um mit den Veränderungen auf den verschiedenen Gebieten zurechtzukommen, müssen lokale und kommunale Netze gestärkt werden durch intensive Kooperationen über räumliche Distanzen hinweg. So bilden sich Gemeinschaften einer neuen Art. Die Wissensgesellschaft verlangt lebenslanges Lernen und einen umfassenden Austausch von Wissen in der Form von Daten. Gleichsinnige Bestrebungen lassen sich bündeln, Arbeiten aufteilen, und eine große Zahl von Menschen kann sich in größere, auch politisch relevante Dialoge einbringen. Kein von einer totalitären Regierung beherrschtes Land kann die Informations-Grenzen mehr dichtmachen. Auch Sammler und Schnäppchenjäger bekommen neue Chancen. Persönliche Beziehungen werden auf unkomplizierte Weise angebahnt, gepflegt, vertieft.

Internet-Verbindungen erlauben fragwürdige Aktionen von der Pornographie über Informationsterror bis zu politischem Extremismus. Der „Information-Highway“ entwickelt sich in Richtung eines sozialen Raums: Individuen, Organisationen, Unternehmen und Medien, die im Trend liegen wollen, sogar Regierungen, erkennen die Vorteile der Interaktion mit Websurfern und bieten Diskussionsforen zur direkten Kommunikation an. Damit kommen sie in einer immer komplexer werdenden Welt dem Wunsch nach, Räume und Zeiten der Zugehörigkeit zu finden.

Eine Gemeinschaft bildet sich aus einem System von Beziehungen, in die Menschen investieren müssen; sie lebt von Aktivitäten, an denen sich Leute beteiligen und für die sie sich einsetzen. Man muss auch den anderen Mitgliedern „bekannt" sein – und sei es unter einem Phantasienamen. Gemeinschaften bieten Menschen die Möglichkeit, sich selbst zu organisieren.

Eine Community, die mit Hilfe des Internet oder Intranet oder auch eines elektronischen Kiosks intensiviert werden kann, ist die Schule selbst. Sie kann gepflegt werden durch Eltern-Lehrer-Newsgroups; Infos der Leitung, aus der Klasse, der SMV für alle, die mit der Schule zu tun haben; Ausstellung von Schülerarbeiten; Unterstützung von Schulverwaltungsaufgaben; E-Mail-Adresse der Ausbildungsfirmen für potentielle Mitarbeiter und künftige Kunden); Imagebildung zur Stärkung des Zugehörigkeitsgefühls; Dialoge über die Schulordnung und -entwicklung

Ein Verhältnis des Vertrauens aus Freude aneinander und in der Achtung vor der Eigenständigkeit der andern Mitglieder wird von den neuen Möglichkeiten gefördert ohne uniformierenden Druck.

3 Unser frenetisches elektronisches Leben

Am Bibliothekseingang meiner Universität mahnt ein Schild: „Schalten Sie Ihre Handys aus oder schalten Sie sie auf tonloses Läuten." Einige gepriesene Cafés haben lobenswerterweise ein Schild aufgehängt mit einem Handy in einem roten Kreis mit Querbalken, um zu signalisieren, dass hier die Piepser unerwünscht sind. Viele Aufführungen in Konzertsälen und Theatern beginnen in den USA mit dem Hinweis, die Piepser auszuschalten.

Als nächstes werden wir laptop-freie Strände brauchen. Es steht aber mehr auf dem Spiel als elementare Höflichkeit, anderen einen ruhigen oder erbaulichen Augenblick zu gönnen oder auf einem Flug etwas lesen zu können. Der Fortschritt in der Kommunikationstechnologie zwingt uns alle, uns zu entscheiden, wann wir ansprechbar sind und wann nicht.

Vor langer Zeit hatte das Leben einen eigenen inneren Rhythmus: Die meisten Büros, Fabriken und Geschäfte waren nachts und an den Wochenenden und Feiertagen geschlossen. Bestimmte Zeiten blieben auf diese Weise für das Leben jenseits von Arbeit und Handel reserviert. Sicher, auch in jenen dahinschwindenden Tagen nahmen wir volle Aktenkoffer mit nach Hause und Kunden mit in den Klub oder auf den Golfplatz – aber das waren Ausnahmen von der Regel. Das Internet kennt einen solchen Rhythmus nicht. Man kann sieben Tage in der Woche mit Aktien handeln, Tauschgeschäfte betreiben, Einkäufe erledigen und Akten aus dem Büro bei Tag und Nacht abrufen. Dieses Medium kennt keinen Sabbat, kein Weihnachtsfest, kein Yom Kippur, kein Ramadan. Die allerneuesten Fortschritte – handliche E-Mail-Handys oder Anrufe ins Flugzeug – fressen sich in die noch frei gebliebenen Zeitabschnitte hinein.

In der schönen, neuen Welt kennen wir alle das Dilemma, mit dem Mrs. Blair ihren Mann neulich konfrontierte: Wir müssen jetzt bewusste Entscheidungen treffen über die Zeitmenge, die wir reservieren müssen und aus der wir das Berufsleben heraushalten, in der wir die Arbeit hinter uns lassen und uns auf unsere Kinder, Ehepartner, auf Kulturangebote und die geistige Seite unseres Lebens konzentrieren.

Nehmen wir als Beispiel die Familienessen. Sie ergeben sich nicht mehr so zwanglos; sie müssen geplant und sorgfältig in unseren dichten Terminkalender hineingezwängt werden. Europäer haben, anders als die Amerikaner, noch immer ziemlich widerstandsfähige Feiertage und Ferienzeiten. Aber seit sie zunehmend auch ins Cyberspace gehen, sollten sie nach Westen auf ihre amerikanischen Brüder schauen, um zu begreifen, was da auf sie lauert: das frenetische Leben der Tag und Nacht arbeitenden Wertpapierhändler. Der PC bleibt ständig eingeschaltet und blinkt auf, wenn Botschaften eingehen, und das tun sie permanent. Die Handys und Mobiltelefone summen, wenn Eltern endlich einmal Zeit haben, in Ruhe mit ihren Kindern zu reden, oder wenn sie einfach nur einen Bummel durch den Park machen.

Die Leute können nicht mehr vom natürlichen Rhythmus der Freizeit ausgehen, die anderen Zielsetzungen vorbehalten ist als dem beruflichen Vorwärtskommen. Von jetzt an muss man zunehmend Mühe aufwenden, wenn man Geschäftsleben und Arbeit in ein Gleichgewicht mit der Hinwendung zu anderen Zielen bringen will. Man muss internet-freie Bereiche schaffen.

Solch ein Bemühen stößt auf eine Schwierigkeit: es macht Kommissionssitzungen erforderlich. Ich meine das nicht wörtlich, aber dies ist keine Entscheidung, die jeder souverän für sich allein treffen kann. Wenn Ihr Chef oder Geschäftspartner dringende Sitzungen um 20 Uhr oder sogar an Wochenenden anberaumt – wenn auch nicht Auge in Auge, als Konferenzrunde mit Listenpräsenz –, dann könnte es Ihnen schwer fallen, sich höflich (aus der Cyberspace-Runde) zu verabschieden.

Wenn Sie eine bedeutende Marktposition in Schweinebäuchen oder in Silber halten und der Markt in Tokio bricht gerade ein, dann könnte es Ihnen schwer fallen, den aufleuchtenden Aktienkurs-Fernschreiber und die pulsierende Marktübersicht zu ignorieren. Und wenn Ihr Büro die Auslieferung einer Ware pünktlich am nächsten Morgen zugesagt hat oder wenn Sie mit einer IPO (=International Postal Order) zu tun haben, mit einer

Auftragsstornierung oder einer Rücknahme, dann werden Sie es wohl nicht vermeiden können, sich doch wieder die Nacht um die Ohren zu schlagen, was an der Wall Street und in amerikanischen Rechtsanwalts-Kanzleien keineswegs die Ausnahme ist.

Kurz gesagt, wir müssen uns mit unseren Familien zusammensetzen und darüber entscheiden, an welchen Tagen wir alles daransetzen sollten, gemeinsam zu essen und all die Instrumente abzuschalten, die unsere Aufmerksamkeit auf sich zu lenken suchen, sogar das Fernsehen. Gemeinsam müssen wir entscheiden, welche Feiertage und Ferienzeiten so weit wie möglich unangetastet bleiben sollen.

Das ist natürlich der leichte Teil der Aufgabe. Aber das Problem, wie man sicherstellen kann, dass die neue Arbeits- und Geschäftskultur zwar weiter floriert, aber auch unantastbare Freiräume für andere Lebensbereiche gewahrt bleiben, ist eine Herausforderung, der wir erst langsam ins Auge zu blicken beginnen. Die Zukunft unserer Familien, unserer Gemeinschaften, unserer Kultur, unseres zivilisierten Umgangs und unserer geistigen und seelischen Gesundheit – all das wird durch diese Entscheidung tief greifend beeinflusst.

Kommentar:

Die neuen Technologien machen den Einzelnen nicht nur überall erreichbar, sondern geben ihm auch Schutzschilde wie Anrufbeantworter, Faxgeräte usw. E-Mails werden nur nach Bedarf abgerufen. Und doch erleben alle eine Beschleunigung, die auf die Konstruktion neuer Bedürfnisse für den Markt zurückgeht. Als gegenläufiger Wert erscheint die Entschleunigung mit der Chance, auszuspannen, zu reflektieren, Neues zu versuchen.

Der Sonntag wird im Prinzip noch geschützt. In der sich überall ausbreitenden Freizeit- und Spaß-Gesellschaft zieht er jedoch immer mehr Erwerbstätigkeiten an sich. Gefordert wird auch, einige öffentliche Feiertage von anderen Werktagen auf Montage zu verlegen. Wo Eltern die Woche tagsüber außer Hause sind, wird das Zusammenspiel der Familie an den Feiertagen bedeutungsvoller. Es wurde einmal versucht, die Familien-Zeit unter früheren Umständen zu berechnen und daneben eine volle Zeit des Zusammenseins an den Wochenenden und Feiertagen zu stellen. Dabei müssen die modernen Verhältnisse rein quantitativ nicht schlecht wegkommen – wenn die Beteiligten dies als eine Zeit der Entschleunigung für das Familienleben nützen. Wenn freilich unerledigte Tätigkeiten die Eltern verfolgen, wenn diese sich nicht für einander frei nehmen und damit das Bewusstsein ihrer Zugehörigkeit stärken, kommt es nicht zum Innehalten. Gemeinschaften brauchen Zeit – sie können auch Zeit geben: füreinander.

4 Fernseh-Ökologie

Das Prinzip „übermächtige Regierung" ist tot; lang lebe diese übermächtige Regierung. In derselben Rede, in der Präsident Clinton vor dem Congress das Ende der liberal geprägten Regierung ankündigte, rief er den Congress auf, die Hersteller aufzufordern, ihre TV-Geräte mit einem Chip, dem so genannten V-Chip, auszustatten, der es den Eltern ermöglicht, Programme mit Gewaltdarstellungen auszusondern. Dieser Ansatz hat Schwächen sowohl in der theoretischen Begründung als auch der praktischen Verwirklichung.

Im Grundsatz stimmen sogar viele liberale Reformer darin überein, die Regierung solle zwar, wann immer sie einen gesellschaftlichen Bedarf erkennt, der nicht durch den privaten Sektor bedient wird, Anregungen dazu liefern oder sogar verlangen, dass diesem Bedarf Aufmerksamkeit geschenkt werde, aber sie sollte nicht das Verfahren oder die Technik genauer vorschreiben, die dabei anzuwenden sind. Es sollte dem privaten Sektor überlassen bleiben, die wirksamsten Methoden zur Beseitigung des gesellschaftlichen Bedarfs auszuwählen.

Umweltschützer verlangten z. B. kürzlich die Ausrüstung von Schornsteinen mit Putzvorrichtungen. Andererseits beharren sie gerne darauf, dass dieselben Fabriken ihre schädlichen Emissionen reduzieren – und zwar in einer ihnen am geeignetsten erscheinenden Weise. Der gleiche Grundsatz sollte auch für die „Umweltbelastung" durch unnötige Gewaltdarstellungen und Schmutz im Fernsehen gelten. Das Weiße Haus oder der Congress sollte unmissverständlich aussprechen, was ihrer Ansicht nach Not tut, sollten aber nicht präzisieren, welche technischen Mittel dazu eingesetzt werden sollen. Wenn man diesem Ansatz folgt, wird der V-Chip* möglicherweise verhindert, weil er anderen Techniken unterlegen ist.

---

* „V" für „violence" = Gewalt, Brutalität

Damit die Eltern kontrollieren können, was ihre Kinder im Fernsehen anschauen, brauchen sie ein Gerät oder System zur Aussonderung, das Programme nach ihrem Inhalt kritisch bewerten kann; es muss preiswert, schwer außer Funktion zu setzen und leicht zu handhaben sein. (Sonst sehen sich Eltern gezwungen, ihre Jüngsten zu bitten, „dieses Ding in Gang zu setzen".)

Sogar diejenigen, die nichts gegen Kontrollen durch die Regierung einzuwenden haben, würden lieber eine Vorrichtung wählen, die nicht nach staatlicher Zensur aussieht. Eltern sollten selbst in der Lage sein, Programme ihren Wertvorstellungen entsprechend auszusondern, statt gezwungenermaßen dem Urteil einer Kommission zu folgen, die von der Industrie oder der Regierung berufen worden ist. (Das Telekommunikationsgesetz, das gerade vom Congress in Kraft gesetzt worden ist, gewährt den Sendeanstalten und der Kabelindustrie eine Jahresfrist zur Ausarbeitung eines Bewertungssystems; sollte das nicht gelingen, würde eine fünfköpfige Kommission, ernannt vom Präsidenten, diese Aufgabe übernehmen.) Im Lichte der meisten dieser Überlegungen schneidet der V-Chip im Vergleich zu anderen Blockierungstechniken, die schon im Handel sind oder bald auf den Markt kommen werden, schwach ab.

Wenn man dem Ansatz des Präsidenten folgt, verlangt die Einführung des V-Chips von den Eltern die Anschaffung eines neuen TV-Gerätes, das den geforderten Chip bereits enthält, oder seinen Einbau in ihr altes Gerät. (Die Hersteller neuer TV-Geräte müssen bereits einen Chip einbauen, der für unterschiedliche Zwecke verschlüsselt werden kann, darunter für gesperrte Titel und jetzt vielleicht auch für das Aussondern von anstößigen Programmen.) Eltern geraten damit in die Abhängigkeit von einer Kommission, die Programme nach Kriterien bewertet, die nicht die Kriterien der Eltern sind. Der V-Chip – und dies ist besonders wichtig – setzt die fortwährende Zusammenarbeit der Sendeanstalten untereinander voraus, was das Einfügen eines Signals in alle Sendungen notwendig macht, das die erforderlichen Bewertungen enthält, mit denen der V-Chip aktiviert werden kann. Alles, was die Eltern dann noch tun können, ist den Chip zu bedienen, damit er Programme aussondert, die ein V tragen oder andere ähnliche Bezeichnungen (z. B. für Nacktszenen).

Vergleichen wir nun den V-Chip mit einem Verfahren, das ich „Eltern-Filter" nenne, weil ich nicht gern ein bestimmtes Handelsprodukt unterstützen möchte und weil gerade verschiedene Arten von Eltern-Filtern auf den Markt kommen. (Details zu diesen Techniken kann man in einem in Kürze erscheinenden Bericht der MEDIASCOPE, Los Angeles, nachlesen.)

Eltern-Filter funktionieren wie ein weit verbreitetes Gerät, auf das sich diejenigen verlassen, die nicht in der Lage sind, ihren Videorecorder (VCR) zu programmieren; es ermöglicht ihnen eine Vorauswahl von Programmen, die aufgenommen werden sollen, indem man eine fünfstellige Zahl eingibt, die neben ihrem Lieblingsprogramm in allen Tageszeitungen und Programmzeitschriften aufgeführt sind. Dieses Gerät, das man manchmal auch VCR Plus nennt, erfordert keine große Mühe: Hat ein Nutzer einmal eine Zahl eingegeben, dann befiehlt dieses Gerät dem Videorecorder dieselbe Sendung so viele Wochen lang wie gewünscht aufzuzeichnen.

Der Eltern-Filter beruht auf demselben Prinzip, arbeitet nur anders herum: Eltern können dieselben Zahlen eingeben und das TV-Gerät wird, wenn es richtig adaptiert ist, die unerwünschten Programme blockieren. (Diese Technik wird, was nicht überrascht, manchmal als VCR Minus bezeichnet.)

Die Eltern-Filter können vom Congress nicht zum Scheitern gebracht werden; es sind dazu keine Beschlüsse erforderlich. Es besteht kein Bedarf und auch kein Platz für eine wertsetzende Kommission mit einem de facto-Monopol, darüber zu entscheiden, welche Programme ohne pädagogischen Wert sind gegenüber solchen, die sich als moralisch verantwortlich präsentieren.

Auch müssen diese Filter nicht die Kooperation unter den Sendeanstalten abwarten. Den Eltern steht es frei, dieses Gerät zu erwerben, wenn sie zu dieser Lösung tendieren. Sie können dann unter den TV-Sendungen ihren Wertvorstellungen gemäß ihre Wahl treffen, indem sie die Zahlen eingeben, die bereits in den Programmübersichten veröffentlicht sind.

Mit dieser Technik werden Eltern vor allem in die Lage versetzt, Programme auszusondern, auch wenn sie keine Gewaltszenen oder Schmutz enthalten, sondern von ihnen auch sonst als ungeeignet für ihre Kinder eingestuft werden. (In meinem Haushalt pflegten wir die meisten Programme zu blockieren, die in den Stunden ausgestrahlt wurden, die für Hausaufgaben, Lektüre, gemeinsame Mahlzeiten und Freizeitaktivitäten vorgesehen waren.) Es ist zu erwarten, dass eine Vielzahl von Körperschaften hierzu Richtlinien bereitstellen wird, darunter solche von Kirchen und Synagogen bis hin zu Vereinigungen von Privatschulen.

Wer unter einer Technophobie leidet, sollte wissen, dass die Nutzung dieses Gerätes so einfach ist wie das Anwählen am Telefon. Der Preis wird sicher fallen, sobald Eltern-Filter keine Prototypen mehr sind, sondern in die Massenproduktion gehen. Gegenwärtig sind die V-Chips noch deutlich billiger.

Zusammengefasst: Eltern-Filter bedeuten im Unterschied zum V-Chip geringe Einmischung durch die Regierung, erfordern keine Kooperation unter den Sendeanstalten und entsprechen den Wertvorstellungen der Eltern statt einer beschränkten Anzahl von Werturteilen, die von einer Regierungskommission geliefert werden. Als eine Vorübung zur Verschlankung der Regierungsmacht erhält der V-Chip keine guten Noten. Die andere Technik ist dagegen besser geeignet, die Eltern in die Lage zu versetzen, ihre TV-Geräte eigenständig zu kontrollieren, und die Regierung davor zu bewahren, wieder mehr Einfluss zu gewinnen, indem man sie außen vor lässt.

Kommentar:

Vor ähnliche Probleme sind Eltern und Erzieher angesichts des Internets gestellt (vgl. auch Kapitel 4.6): Wenn Eltern ihren Kindern den Zugang zum Internet offenhalten wollen und sie doch vor dem explosionsartig wachsenden Angebot pornographischer, rassistischer und anderer unerwünschter Angebote bewahren wollen, können sie die Familien-Edition eines im

Handel angebotenen Internet Security Filters („Firewall") einsetzen. Jedes Familienmitglied bekommt einen besonderen Zugangscode, der auch die nötige Privatsphäre innerhalb der Familie schützt. Wichtig ist auch die Abwehr von Einblicken, die Unberechtigte von außen in persönliche Daten, Adressen oder gar Verschlüsselungen auf dem PC der Familie nehmen können.

ERZIEHUNG

1 Wozu Charakterbildung?

Was haben Sport, Disziplinarverstöße, Notengebung und bürgerliches Engagement gemeinsam? Scheinbar nichts. Und dennoch spiegelt diese Liste disparater Phänomene die Grundannahmen meines Ansatzes zur Charaktererziehung. Warum das so ist? Weil die Art und Weise, wie gut Schulen mit Konflikten und Erwartungen im Zusammenhang mit diesen Problemfeldern umgehen – in Klassenzimmern, Korridoren, Schulhöfen und Gemeinden –, viel aussagt über die Ausrichtung der charakterlichen Entwicklung der Schüler und des Lehrerkollegiums und schließlich auch über die Kraft des Gemeinsinns in einem Schulbezirk.

Ich habe als Gründer des Kommunitarischen Netzwerkes mehr als ein Jahrzehnt darauf verwendet zu untersuchen, welche Auswirkungen und moralischen Dimensionen das eigennützige Verhalten von Individuen hat, und die Verpflichtungen und Verantwortungen darzustellen, die sie gegenüber der sie umgebenden Gemeinschaft haben.

Mein kürzlich erschienenes Buch „Die Entdeckung des Gemeinsinns" geht von der These aus, dass die Moral in einem starken Gemeinwesen verankert sein muss. Ohne den Versuch zu unternehmen, die umfangreiche Literatur zusammenfassend wiederzugeben, die andere und ich selbst zu diesem Thema verfasst haben, mag es hier genügen festzustellen, dass ich glaube, dass die Schulbehörden den Auftrag zur Charakterentwicklung nicht ignorieren dürfen. Sie müssen vielmehr regelmäßig eine Bestandsaufnahme der Praxis und Vorgehensweise bei der charakterlichen Erziehung in ihrem Schulbezirk vornehmen und korrigierend eingreifen, um erfolgreiche Verfahren bei der Charaktererziehung zu garantieren.

Meine Beobachtungen und Analysen veranlassen mich vorzuschlagen, dass Schulen gut beraten wären, zu überlegen, welche signalsetzenden Aktivitäten den Gemeinsinn in ihren Bezirken und Schulen schwächen oder stärken. Insbesondere sollten Schulen die Art der Notengebung überprüfen, ferner die Art und

Weise, wie man mit kleineren und größeren Disziplinarverstößen umgeht, die erzieherische Ausrichtung des Sports, Probleme auf den Korridoren und Schulhöfen und ob der Gemeinschaftsdienst der Schüler die erwarteten Ergebnisse zeigt.

Die Schulverwaltung wäre klug, Lehrer und Berater in diese Bestandsaufnahme der Charaktererziehung einzubinden, vielleicht im Rahmen eines dienstfreien Tages und dann zu weiteren Gelegenheiten, um abschließend zu beurteilen, welche Korrekturen noch vorgenommen werden müssen.

Ich glaube, wir brauchen für die Charaktererziehung die Entfaltung zweier spezifischer Charaktereigenschaften der Persönlichkeit, die mir wichtiger erscheinen als die Fragen, wie man lernt, anspruchsvolle moralische Thesen zu diskutieren oder spezielle Werte oder Tugenden zu erwerben. Diese Charaktereigenschaften heißen Selbstdisziplin und Einfühlungsvermögen. Es ist notwendig, die erste dieser Charaktereigenschaften, die Selbstdisziplin, auszubilden, weil Familien und Schulen auch unter besten Voraussetzungen außerstande sind, antisoziale Triebe auszuschalten. Wir alle haben sexuelle, aggressive und selbstsüchtige Neigungen, die uns dazu treiben, uns in einer Weise zu verhalten, die von unseren Gemeinschaften als unangemessen angesehen wird. Wirklich gute Schüler, Bürger und Ehepartner unterscheiden sich von anderen dadurch, dass sie eine Fähigkeit erworben haben zu erkennen, wenn solche Gefühle in ihrem Innern aufbrechen, und dann in sich Gegenkräfte aktivieren, die es ihnen meistens ermöglichen, die antisozialen Triebe zurückzudrängen oder ihnen eine andere Richtung zu geben.

Um ein einfaches Beispiel zu nennen: Wenn mich ein Autofahrer auf der Schnellstraße schneidet, werde ich – und mit mir Millionen anderer Autofahrer – wahrscheinlich wütend. Unsere unmittelbare Reaktion wäre, den Fahrer anzuhupen, ihn zu beschimpfen und dem Täter nachzufahren. Doch unser primärer Affekt wird durch unsere Selbstdisziplin gezügelt, was uns wiederum erlaubt, auf unser besseres Ich zu hören, das uns zu verstehen gibt, dass der ursprüngliche, unverarbeitete Affekt nicht richtig ist.

Die zweite Eigenschaft, das Einfühlungsvermögen, steigert die erste. Wenn Schüler nur ein hohes Maß an Selbstdisziplin erwerben würden, dann könnten sie womöglich ihre Fähigkeit nutzen, um gerade solche Ziele zu verfolgen, die andere verletzen könnten. Einfühlungsvermögen, verstanden als die Fähigkeit „in die Haut des anderen zu schlüpfen" und des anderen Schmerz und Freude nachzuempfinden, führt Schüler an Tätigkeiten heran, die ihr eigenes Leben aufwerten, ohne das der anderen zu schädigen. Genauer gesagt, das Einfühlungsvermögen ermöglicht den Schülern, beim Helfen, Teilen und bei der Fürsorge für andere Freude zu empfinden.

Wenn ein junger Mensch erst einmal Selbstdisziplin und Einfühlungsvermögen entwickelt hat, dann besitzt er die Persönlichkeitsfundamente, auf denen bestimmte moralische Werte aufgebaut werden können. Da diese Fähigkeiten der Persönlichkeit die wichtigste Grundlage der Charaktererziehung sind, sollten die Schulen am besten darauf achten, dass die Botschaften und Erfahrungen, die sie vermitteln – im gesamten Umfeld der Schule und nicht nur im Klassenzimmer – dazu beitragen, diese beiden Kardinaltugenden zur Entfaltung zu bringen.

Durchsicht der Bestandsaufnahme

Es ist, wie ich hier bemerken möchte, aus meiner Sicht eine müßige Frage, ob die Schule sich überhaupt der Charaktererziehung widmen sollte. Schulen können naturgemäß nicht umhin, den Charakter zu beeinflussen. Der einzige Unterschied zwischen den Schulen besteht darin, ob ihre Bemühungen zur Charaktererziehung unbeabsichtigt erfolgen oder aber bewusst auf einen erzieherischen Lehrplan und seinen Inhalt ausgerichtet sind. Daher beeinflusst eine disziplinlose Schule den Charakter ebenso sehr wie eine disziplinierte; der einzige Unterschied ist die Richtung dieses Einflusses. Das Gleiche gilt für die Frage, ob eine Schule kleinere Disziplinarverstöße ignoriert, sie als erzieherische Chancen nutzt und ob sie Möglichkeiten für Gemeinschaftsaufgaben bietet oder fördert. Dies gilt sowohl für eine homogene als auch für eine bunt zusammengewürfelte Schülerschaft. Ich werde jetzt eine ziemlich vorläufige Liste der Themen vorlegen, die in einer Bestandsaufnahme zur Charaktererziehung enthalten sein könnten.

Die Notengebung

Noten sind die Leitwährung in der Schule, der „Lohn", der den Schülern für ihre Arbeit zusteht. Es ist im Grunde die für den Aufbau des Charakters entscheidende Frage, ob Schüler aus ihrer schulischen Erfahrung die Einsicht gewinnen, dass harte Arbeit sich lohnt, oder ob durch die Art und Weise, wie Noten erteilt werden, ganz andere Botschaften bei ihnen ankommen.

Lehrerkollegien, die die Bestandsaufnahme machen, müssen über folgende Probleme im Zusammenhang mit Noten nachdenken: Erteilt die Schule Noten oder qualifizierende Beurteilungen? Werden Klassenarbeiten rechtzeitig zurückgegeben? Sind gute Noten leicht zu erlangen? Werden Noten einigen oder vielen oder allen Schülern erteilt, um ihr Selbstwertgefühl zu fördern oder vielmehr nur um spezielle Leistungen anzuerkennen? Verstehen Schüler die Kriterien, auf denen Noten erteilt werden? Sind sie im Allgemeinen der Überzeugung, dass Noten fair erteilt werden?

Der Sport

Man hat seit der griechischen Antike und den ersten olympischen Spielen den Sport als ein bedeutendes Werkzeug zur Charakterbildung erkannt. Sport gehört ins Kernprogramm der Charakterbildung und ist aus dieser Sicht keine bloße Zugabe. Schulen, die Mannschaftssport und Körpererziehung einschränken, sollten bedenken, dass sie dabei eine der stärksten Quellen der Charaktererziehung zuschütten. (…)

Disziplinarverstöße

Man hat viel Aufmerksamkeit darauf verwendet, wie Schulen mit größeren Disziplinarverstößen umgehen, wie z. B. das Mitführen von Waffen in der Schule oder Angriffe auf Lehrer oder Mitschüler behandelt werden. Man sollte eine ähnliche Aufmerksamkeit auch der Art und Weise schenken, wie Schulen mit kleineren Verstößen umgehen. Das ist damit vergleichbar, dass Großstädte erkannt haben, dass die gesamte Lebenskultur sich verändert und Verbrechen eingeschränkt werden, wenn sie sicherstellen, dass gesellschaftliche Sitten in kleinen Dingen beachtet werden, wie z. B. Transistor-Radios auf öffentlichen Plätzen nicht zu laut aufzudrehen. Außerdem kann das Ignorieren von kleineren Verstößen in Schulen den Boden für größere bereiten.

Auf jeden Fall ist eine systematische Überprüfung der für Lehrer und Schulleitung verfügbaren pädagogischen Mittel zum Umgang mit Disziplinarverstößen ein wesentliches Element eines charakterbildenden Lehrplans; ferner die Frage, wie diese Mittel verbessert werden könnten, was die Schule in dieser Angelegenheit für eine Linie verfolgt und in welchem Ausmaß sie befolgt oder umgangen wird (wenn dies häufig geschieht). Dies wiederum führt zu erneuten Bemühungen, die Behandlung von Verstößen mit dem Charakterbildungs-Programm der Schule in Einklang zu bringen.

Weitere Gesichtspunkte

Andere Aspekte, die in die Bestandsaufnahme aufgenommen werden könnten, werden am besten von jeder Schule selbst erarbeitet und sicher bei späteren Nachprüfungen zur Sprache kommen. Der Hauptvorteil des Repertoirs zur Charakterbildung besteht darin, dass es den Schulen ermöglicht, sich von der Fixierung auf Lehrbücher und Lernstoff im Klassenzimmer zu befreien. Stattdessen prüft der Bestandskatalog das ganze Umfeld der Schule, weil alle seine Elemente und Gesichtspunkte, im Guten wie im Bösen, Einfluss auf die Charakterbildung haben.

Kommentar:

Die Schulleitung soll die Schule, verstanden als Erziehungsfeld, darauf ausrichten, Wille (Disziplin) und Gefühl (Einfühlung) in die Balance zu bringen. Beide Wesenszüge ergänzen sich und gehören zusammen.

Diese Balance im Ganzen spricht der in der deutschen Bildungstradition wohl bekannte Begriff der Persönlichkeit an. Über das Verhältnis von „Persönlichkeit" zum Charakter sagt Goethe im West-östlichen Diwan von Mose:

„Nicht die Talente, nicht das Geschick zu diesem oder jenem machen eigentlich den Mann der Tat, die Persönlichkeit ist's, von der in solchen Fällen alles abhängt. Der Charakter ruht auf der Persönlichkeit, nicht auf den Talenten. Talente können sich zum Charakter gesellen, er gesellt sich nicht zu ihnen: denn ihm ist alles entbehrlich außer er selbst. Die Persönlichkeit ist die Basis für den Charakter, zu dem die Talente hinzutreten können. Die Persönlichkeit: das ist der Mann der Tat."

Etzioni glaubt, dass die Aufgabe und die Chancen der heutigen Schule gerade in der Bildung des Charakters (des Willens) liegen. Wichtige Faktoren dafür sind belohnende Noten, Einsatz ohne Sieg-Versessenheit, Kommunikation.

Das Umfeld selbst muss eine Ordnung ausstrahlen und deshalb schon im Kleinen die charakterbildenden Elemente ernst nehmen. Hier wie in den andern Beiträgen weist Etzioni allzu liberale Leitungsmethoden zurück, da sie das für ihn Wesentliche in der Erziehung, die Formung der Charakters, vernachlässigen.

2 Charakterfestigkeit

(...) Charaktererziehung bezieht sich vor allem auf die Entwicklung einer Reihe von psychischen Merkmalen, die junge Menschen in die Lage versetzen, sich zu Werten zu bekennen und nach ihnen zu handeln. Ein zentrales Merkmal ist die Selbstdisziplin. Menschen machen, wie Tiere auch, die Erfahrung vielfältiger Versuchungen (Lust, Bedürfnisse, Begierden); Menschen von starkem Charakter unterscheiden sich darin von Tieren und ihren weniger zivilisierten Nachbarn, dass sie in der Lage sind, ihre Versuchungen kritisch zu prüfen und zu bewerten, bevor sie ihnen nachgeben.

Ich formuliere hier mit Bedacht; ich meine nicht, dass Menschen von starkem Charakter immer ihren Versuchungen widerstehen und ihren Wertsetzungen gemäß leben können – noch sollte man das immer von ihnen erwarten. Wir Menschen können nicht zu Heiligen stilisiert werden. Aber Menschen mit Charakter können nicht zu Sklaven der Versuchungen werden. Für diese Menschen ist das Leben ein fortwährender Kampf zwischen ihrer Vorstellung von dem, was richtig ist und dem, wozu sie sich getrieben fühlen. (Ein Festhalten an der Diät, eine vergleichsweise triviale Aktivität, bietet dafür ein einleuchtendes Beispiel.) Je stärker der Charakter wird, je mehr die eigene Fähigkeit zur Selbstdisziplin wächst, umso mehr wächst auch die Befähigung des Einzelnen, den als richtig erkannten Weg einzuschlagen und sich in seine Richtung zu bewegen.

Disziplin, wie viele sie verstehen, nimmt leider einen autoritären Beigeschmack an. Als wohldiszipliniertes Umfeld gilt oftmals ein Bereich, in dem Lehrer und Schulleiter das „Gesetz bestimmen" und von Schülern keine Widerrede dulden; diese sollen vielmehr „Respekt bekunden", indem sie sich erheben, wenn der Lehrer das Klassenzimmer betritt, und nur sprechen, wenn man das Wort an sie richtet. Der frühere Bürgermeister von Washington DC, Sharon Pratt Kelly, meinte sogar, Schulen sollten die Anwendung von körperlicher Züchtigung nochmals in Erwägung ziehen. Tatsächlich wird in einigen wenigen Staaten die körperliche Strafe noch immer als wirkungsvolles Mittel zur Aufrechterhaltung von Disziplin betrachtet. Andererseits stoppte der Supreme Court ein ihm untergeordnetes Gericht, das entschieden hatte, dass Schulkinder durch die Verfassung vor körperlichen Strafen nicht geschützt seien. Juristen ließen ein texanisches Gesetz bestehen, das den Gebrauch physischer Strafe rechtfertigte, wenn dabei nicht äußerste Kraft angewendet wird.

Wenn Disziplin durch den Einsatz autoritärer Mittel erzwungen wird, werden junge Menschen sich nur dann anständig benehmen, solange sie genau überwacht werden und eine Bestrafung fürchten müssen. Aber sobald die Autorität ihnen den Rücken kehrt, werden sie sich daneben benehmen. Außerdem wird ihre Abneigung gegenüber dem Zwang in irgendeiner Form von antisozialem Verhalten zum Ausdruck kommen. Und zwar deshalb, weil diese Art von Disziplin mit Strafe verbunden ist statt mit einer inneren Überzeugung, das Richtige zu tun und das Falsche zu meiden.

Was junge Menschen brauchen, ist Selbstdisziplin, die innere Fähigkeit sich zu motivieren und sich einer Aufgabe hinzugeben, an die sie glauben, und sich dabei positiv zu fühlen – d. h. sich selbst zu belohnen –, weil man sich genau so verhalten hat. Damit dies geschehen kann, muss der Mensch die maßgebenden Stimmen verinnerlichen, obwohl sie ursprünglich von außen, von Eltern, Verwandten, Erziehern und anderen stammen können. Eine solche Internalisierung vollzieht sich in gemeinsam geregelten Umgebungen, jedoch nicht unter autoritären Bedingungen. Strenge, fortwährende Überwachung von außen und ein strafendes Umfeld sind kontraproduktiv. Was wir brauchen, ist eine Gestaltung von Schule durch erzieherische Vorbilder, Regeln und die Organisation von Aufgabenfeldern, die die Schüler durch klare Vorgaben von Leitlinien motivieren. Diese müssen sowohl streng aufrechterhalten werden als auch einsichtig und gerechtfertigt sein, so dass Schüler die Notwendigkeit, sie zu befolgen, verstehen und akzeptieren können.

Selbstdisziplin ist nicht nur für einen Hochschulabsolventen wichtig, wenn er ein pflichtbewusster Arbeitnehmer, Mitglied einer Gemeinschaft und Staatsbürger werden will, sondern auch für einen Menschen, der ein gebildeter Student sein soll. Aus all diesen Gründen müssen die Schulen der Charakterbildung und den Erfahrungen, die sie ermöglichen, besondere Aufmerksamkeit schenken, um sicherzustellen, dass sie die Prägung der jungen Menschen unterstützen statt sie zu untergraben.

Außerdem ist es notwendig, einen anderen zentralen Charakterzug zu entwickeln, nämlich Einfühlungsvermögen: die Fähigkeit, sich in andere hineinzuversetzen und mit ihnen zu empfinden, was ihnen fehlt. Ohne Einfühlungsvermögen kann Selbstdisziplin zum eigensüchtigen Werkzeug werden. Außerdem ist es eine bedeutende Quelle unseres Gefühls für das Fairplay und für soziale Gerechtigkeit. Es wird hier von mir nicht weiter erörtert, weil es viel breiter angelegt in psychologischen Studien untersucht worden ist und in der pädagogischen Literatur höheren Stellenwert hat als die Notwendigkeit der Selbstdisziplin. (…)

Kommentar:

Liberale Pädagogik scheut sich oft vor strengen Vorgaben in der Erwartung, dass das Interesse an Inhalten von selbst erwachen müsse. Dabei werden die persönlichen Schwierigkeiten übersehen, die der Lernbereitschaft im Wege stehen. Klare Rahmenbedingungen fordern zur Auseinandersetzung gerade mit diesen persönlichen Momenten heraus und schaffen oft erst die Voraussetzung dafür, dass sich durch ernsthafte Beschäftigung ein Interesse am Lernstoff entwickelt. Schüler reagieren mit Verachtung auf Lehrer, die die Zügel schleifen lassen. Mit Charakter bezeichnet man bei uns allgemein die Eigenart eines Menschen; dabei liegt das Schwergewicht auf dem Willen, der durch Erziehung und vor allem Selbsterziehung gestärkt wird: Charakterstärke, Charakterschwäche, Charakterlosigkeit, Charakterlump beziehen sich darauf. Totalitäre Politik vereinnahmte diese Vorstellungen.*

* Nach dem Lexikon der Psychologie (Herder Verlag 1987, Bd. 1, S. 311–312)

Bei uns erhielt vor geraumer Zeit das Wissen den Vorrang; Lehrer wurden zu Technikern der Wissensvermittlung auf der Basis der Lernpsychologie, die den individuellen Lernerfolg und weniger den sozialen Kontext im Auge hat.

Aus den USA stammt die Formulierung: „Drei Ziele sind für die Erziehung junger Leute bestimmend: Eine Vision zu entwickeln für die eigene Bestimmung und den eigenen Lebensstil; einen Charakter zu bilden, der bestimmt, welche Richtung und Qualität das Leben haben soll und dementsprechende Kompetenzen zu erwerben. Charakter ist am Verhalten abzulesen. Er aktiviert Werte und Wissen."*

In letzter Zeit werden dort wie hier an Stelle der Werte in der Industriegesellschaft wie Anerkennung von Autoritäten, Arbeitsmoral bei Tätigkeiten unter Aufsicht jetzt Vertrauenswürdigkeit, Aufrichtigkeit, Integrität, persönliche Verantwortlichkeit, Bescheidenheit, Weisheit, Gerechtigkeit, Ausdauer und Verlässlichkeit groß geschrieben. Moral und Charakterentwicklung werden als integraler Bestandteil der Herausbildung eines Selbst, einer eigenen Identität gesehen.

Noch sind diese geänderten Leitvorstellungen vorwiegend an Tugenden des Einzelnen orientiert. Das kommunitarische Paradigma käme stärker zur Geltung durch methodische Befähigung zur Kooperation, Konfliktbewältigung, Deeskalation von Spannungen und Integration.

---

kann man den Charakter zurückführen auf den Trieb zur Selbstentfaltung oder ihn als Erziehungsprodukt ansehen, eine „Verhaltensformel" (A. Gehlen).

* Aus der Website der Association for Supervision and Curriculum Development, http://www.ascd.org

3 Standortvorteil Bildung

Zwei Hochrufe auf die neueste Initiative aus der Wirtschaft: die Rehabilitierung der staatlichen Erziehung. Endlich begreifen wichtige Teile der Wirtschaft, dass die Schulreform eine lebenswichtige Angelegenheit ist; sie tun dies sowohl in eigenem Interesse als auch in dem des Landes, statt sich den Schulen nur wie einer unterstützenswerten Institution unter anderen zu widmen.

Leiter von Schlüsselunternehmen und namhafte Verbände haben festgestellt, dass das staatliche Schulsystem zu wichtig ist, um es allein den Lehrern, Direktoren und Schulbürokraten zu überlassen – angesichts einer spärlich ausgebildeten Arbeitnehmerschaft, niedrigem Arbeitsethos und einem Wettbewerbsdruck aus Ländern mit hervorragenden Schulen. Soweit, so gut.

Was wir bei diesen wohlmeinenden Wirtschaftsleuten aber vermissen, sind dieselben Planvorgaben, die sie entwickeln würden, wenn sie selbst beabsichtigten, in einen neuen Wirtschaftssektor einzusteigen. Tatsächlich haben Wirtschaftsunternehmen entdeckt, dass sogar beim Wechseln von einem Wirtschaftsbereich zu einem ähnlichen viele Fallen auf den Unvorsichtigen lauern. (Siehe z. B. die Schwierigkeiten, die Coca-Cola hatte, als es in den Orangensaft-Markt einsteigen wollte.)

Sich ernsthaft auf den Bereich der staatlichen Erziehung einzulassen, bedeutet einen viel größeren Sprung zu wagen, besonders weil die meisten Wirtschaftsführer keine Erfahrung aus erster Hand mit der öffentlichen Erziehung mitbringen, insbesondere nicht mit dem Typ von Schulen, die die Reformen am dringendsten brauchen. Diese Wirtschaftsführer orientieren sich weitgehend an Vorstellungen, die sie aus den Medien („Warum kann Johnny nicht lesen?"), von Wochenendtagungen und Beratern aus der Szene gewonnen haben.

Das Ergebnis: eine höchst sporadische, verwirrende, chaotische Menge an Beiträgen – billig in ihrer Machart und im Arbeitsaufwand –, die ein wenig helfen und ein wenig schaden können, aber die Schulen grundsätzlich nicht verändern. So haben einige

Unternehmen z. B. an Vorgaben gebundene Finanzhilfen für Schulen versprochen: Wenn eine Schule den Anteil der Schulversager um X Prozent senkt, bietet das Unternehmen der Schule finanzielle Hilfe in Höhe von Y. Die gleichen Unternehmen aber stellen fest, dass die Ausbildung in diesen Schulen veraltet ist, dass die Schulen „Fabriken des 19. Jahrhunderts" sind, die Roboter ausbilden in einer Zeit, die Arbeitnehmer braucht, die kritisch denken und mit Hochtechnologie umgehen können usw.

Daraus folgt, wenn man mehr Schüler dazu bewegen will, in solchen Schulen zu bleiben, würden noch mehr von ihnen falsch ausgebildet werden und das auf längere Zeit. Wenn andererseits der Ausbildungsmodus an Schulen erst einmal reformiert ist, dann sollte es ausreichend motivierend sein, das Hauptsymptom der schlechten Schulen, das Schulversagen, zu bekämpfen.

Einige leitende Angestellte von Unternehmen unterrichten Schulklassen an öffentlichen Schulen ehrenamtlich, eine höchst empfehlenswerte Aktivität (abgesehen davon, was sie die Kinder lehren, werden diese Angestellten die Realität der öffentlichen Erziehung kennen lernen). Andere laden Klassen zu Betriebsbesichtigungen ein. Wiederum andere helfen den Schulen bei ihren Verwaltungsarbeiten, der Wiederherrichtung von Schulhöfen und bringen sogar den Direktoren bei, wie man die Öffentlichkeitsarbeit der Schule verbessern kann. Aber auch wenn diese Bemühungen um das Zehnfache, vielleicht sogar um das Hundertfache vermehrt würden, könnten sie nur wenig von dem verbessern, was falsch ist an der öffentlichen Erziehung.

Die drängenden Probleme

Die Wirtschaft muss sich der schwierigen strategischen Probleme annehmen, die ungelöst sind, weil sie wirklich eine große Herausforderung darstellen und weil niemand für sie die Verantwortung übernimmt. Das Kernproblem ist etwas, mit dem gut umzugehen die Wirtschaftsführer höchst qualifiziert sind: die Bereitstellung von Mitteln.

Wichtige, aber zweitrangige Fragen kann man vorerst beiseite lassen, wie z. B. das wünschenswerte Zahlenverhältnis von Schülern zu Lehrern oder die Suche nach der besten Gewichtung von Natur- und Geisteswissenschaften. Denn die bedeutendste strategische Aufgabe ist die Bereitstellung von erzieherischen Ressourcen (Geldmittel, Lehrertalente, Umsetzungsfähigkeit) in den großen Investitionsbereichen – Grundschulen, Sekundar-Schulen und Colleges – und ebenso das Verhältnis zwischen Schulen und dem, was die amerikanische Familie immer noch an erzieherischen Grundlagen bietet.

Es gibt reichlich Beweise dafür, dass die erzieherischen Ressourcen bisher falsch verteilt werden. Das amerikanische Erziehungs-„system" ist äußerst kopflastig im Vergleich zu europäischen und japanischen Erziehungseinrichtungen (und zu denen der USA vor dem II. Weltkrieg): Amerikanische Grund- und Sekundarschulen überlassen die erzieherische und wissensvermittelnde Last mehr und mehr der Verantwortung der Universitäten. In vielen Fällen sind die ersten beiden Studienjahre entweder dem Förderunterricht (der korrigieren soll, was die Public Schools falsch gemacht haben) oder dem Nachholunterricht gewidmet.

Anders ausgedrückt, japanische und viele europäische Abiturienten sind ungefähr auf demselben Vorbereitungsstand, den unsere Jugendlichen nach zwei Jahren College besitzen. Hinzu kommt, dass die USA mehr als 50 % eines Jahrgangs aufs College schicken. Das Ergebnis ist ein unvernünftiges, verschwenderisches System, in dem Schüler zunächst spärlich ausgebildet und dem Lernen stark entwöhnt werden, nur um dann zu scheitern und später zu hohen Kosten Nachhilfe zu benötigen.

Eine durchgreifende Umschichtung der Ressourcen

Reformen mit neuen Zielsetzungen benötigen eine durchgreifende Umschichtung der Ressourcen nach unten im amerikanischen Erziehungssystem. Insbesondere müssen wir die Ausweitung der Colleges, soweit das politisch möglich ist, verlangsamen und dafür den Schulen mehr Mittel zukommen lassen. Wenn sich die Bezahlung der Lehrer verbessert, wenn sich mehr MAs dem Lehramt an

Höheren Schulen zuwenden, statt an Junior Colleges zu gehen, und wenn das Stigma, in der Sekundarstufe zu unterrichten, entschärft wird (was durch bessere Bezahlung und durch den Zuwachs an besseren Talenten erfolgen sollte), dann werden amerikanische Schulen in der Lage sein, einen größeren Anteil ihres erzieherischen Auftrags zu erfüllen.

Wir müssen unseren Grundschulen mehr Ressourcen zukommen lassen, obwohl beide, Grund- wie Sekundarschulen, gegenüber dem College aufholen sollten. Die tiefere Begründung für diese Neuverteilung der Ressourcen ist die häufig übersehene Tatsache, dass Schüler zum Erwerb von Fertigkeiten und Kenntnissen zunächst bestimmte Persönlichkeitsmerkmale besitzen müssen, wie z. B. Selbstdisziplin, Konzentrationsfähigkeit und die Kontrolle über ihre Impulsivität.

Kürzlich vorgenommene Reformen haben sich darauf konzentriert, mehr Mathematik, Naturwissenschaften und Fremdsprachen in die Schüler hineinzupumpen. Aber die Erhöhung der Lehrerzahl, der Labors, der Computer und Ähnliches wird wenig bewirken, wenn Schüler psychisch nicht willens und in der Lage sind zu lernen.

Sozialwissenschaftliche Erkenntnisse liefern uns gute Gründe, in den Primarschulbereich zu investieren: Untersuchungen zeigen, dass die erforderlichen grundlegenden Persönlichkeitsmerkmale früh im Leben entwickelt werden. Im Idealfall sollte die Familie eine grundlegende Rolle bei der Ausbildung dieser Merkmale spielen und ihre Weiterentwicklung sollte im Kindergarten und in der Grundschule mit anhaltender Unterstützung durch die Familie verstärkt werden.

In der Vergangenheit haben amerikanische Familien genau das geleistet. Viele tun dies immer noch in Japan und, in geringerem Maße, auch in Europa. (Tatsächlich müssen diese Nationen häufig über Auswüchse in die andere Richtung besorgt sein. Unter Teenagern, die nach Jahren des familiären Leistungsdrucks in den Abschlussexamina der High School scheitern, ist Selbstmord allzu verbreitet.)

In den USA leiden wir jedoch unter einem großen Defizit an elterlicher Fürsorge. Millionen von Eltern arbeiten jetzt außerhalb des Haushalts, sind oft nicht zu Hause, wenn ihre Kinder von der Schule kommen, und sind am Abend oft physisch und psychisch zu erschöpft, um Erziehungsaufgaben an ihren Kindern zu erfüllen. Nur ein kleiner Teil des Defizits an elterlicher Zuwendung ist von Großeltern, Kinderbetreuungszentren und dergleichen übernommen worden. Die Folge ist, dass die Kleinen die Grundschule psychisch unterentwickelt beginnen.

Obwohl die charakterliche Entwicklung, die mit dem Erwerb von grundlegenden Arbeitseinstellungen verbunden ist, genau das ist, was junge Schüler am meisten brauchen, können Öffentlichkeit und Wirtschaft wenig dazu beitragen, die Fähigkeit oder Bereitschaft amerikanischer Familien wiederherzustellen, diese Aufgabe zu erfüllen (obwohl die Wirtschaft mehr flexible Arbeitszeit und Elternurlaub gewähren könnte). Daher müssen Grundschulen in Zukunft einen großen Anteil dieser Aufgabe übernehmen.

Frühbeginn

Man nutzt die erzieherischen Ressourcen am besten, wenn man im Alter von vier Jahren mit der Einschulung beginnt, vorausgesetzt, diese Schulzeit kann sich auf die Charaktererziehung konzentrieren, statt den noch ungeprägten Persönlichkeiten bereits unbedingt Lesen, Schreiben und Rechnen beibringen zu wollen.

Ressourcen können auch zur zeitlichen Erweiterung des Schuljahrs verwendet werden (das sich bisher am Rhythmus der Landwirtschaft orientiert). Eltern sind sowieso das ganze Jahr über abwesend, die Kinder kann man daher fast zu jeder beliebigen Zeit unterrichten. Japanische Schüler verbringen jährlich etwa 60 Tage länger in der Schule als amerikanische, nicht gerechnet die Camps für Intensivkurse, die von vielen Japanern im Sommer besucht werden.

Außer der Neuverteilung unserer erzieherischen Ressourcen muss die gesamte schulische Infrastruktur neu gestaltet werden. Wir sind zu sehr daran gewöhnt, unter Schulreformen nur eine Umgestaltung des Lehrplans zu verstehen. Aber Schulen sind doch auch ein Ort, an dem die Jugendlichen eine Reihe von entscheidenden, prägenden Erfahrungen durchmachen. Man kann das mit dem Sport vergleichen – alle Komponenten der Aktivität wirken sich auf die Charakterentwicklung aus und damit auf die Fähigkeit, zu studieren und nach dem Examen einen Beruf auszuüben.

Wenn Parkplätze verwüstet, Korridore chaotisch, Cafeterias wie ein Zoo und Klassenzimmer in Aufruhr sind, entwickeln Schüler keine angemessenen Arbeits- oder Studierhaltungen. Und wenn dazu noch Schulaufgaben langweilig und sinnlos sind oder willkürlich benotet werden, wird die Lernmotivation der Schüler gering sein. Schulen müssen dazu angeregt werden, eine Organisationsstruktur und Lernumgebung zu entwickeln, die erzieherische Erfahrungen fördert, statt ihren Auftrag zu untergraben.

Warum Unternehmen vorangehen können

Warum ist diese Umgestaltung eine Aufgabe für Führungskräfte der Unternehmen? Weil der Reformwiderstand weitgehend politisch begründet ist. Zahlreiche Sonderinteressen halten an bestehenden, falsch ausgerichteten Schulen fest. Und es gibt keine wirksam arbeitende, Bildungspolitik entwerfende Institution auf nationaler, staatlicher oder lokaler Ebene; nur Gremien für einzelne Schulsysteme oder Colleges oder ein bürokratisiertes Ministerium für Erziehung.

Eine gewichtige Kraft mit dem Blick auf nationale Erfordernisse, aber ohne Eigeninteresse, muss auf den Plan treten. Wenn die Wirtschaft nicht für einen Wandel sorgt, dann haben andere Gruppen (z. B. betroffene Eltern), wie die Erfahrung zeigt, ganz einfach nicht genügend Durchschlagskraft. Die Schulreform braucht viel dringender eine wirkungsvolle Lobby als einzelne Menschen, die sich von sich aus engagieren.

Führungskräfte von Unternehmen, die mehr im Sinn haben als die Unterstützung einer allgemeinen Schulreform und die eine günstige Gelegenheit suchen für ihren Beitrag, brauchen sich nicht weit umzuschauen. Unter den sich daraus ergebenden nahe liegenden Programmen, die zusätzliche Führung und Anleitung gebrauchen könnten, ist eines die umfangreiche Beschäftigung von Oberstufen-Schülern in Unternehmen.

Obwohl sie Jobs anbieten und Geld für die Jugend der Nation ausgeben, könnten viele dieser Programme vom erzieherischen Standpunkt aus wirkungsvoller sein. Der typische Job in einem Fast-Food-Restaurant oder einer Bäckerei-Kette ist zu monoton und ohne Anreiz und bietet nur geringe Möglichkeiten zum Erwerb der Fähigkeiten für post-moderne Arbeitsfelder.

Unternehmen könnten diese Programme in Zusammenarbeit mit Schulen als Lehrlings-Programme auslegen, mit erhöhtem, erzieherischem Inhalt, wofür die Schüler an ihren Schulen Sonderpunkte im Fach Betriebswirtschaft bekommen könnten. Sogar noch wichtiger ist die Zusicherung entwicklungsfähiger Jobs für diejenigen, die die Oberschule erfolgreich abschließen.

Die Abkehr von einer Einstellung, die Schulreform nicht mehr als eine gelegentliche gute Tat, sondern als eine ernste Herausforderung zu betrachten, hat gerade erst begonnen. Die Wirtschaft hat guten Willen und Besorgnis gezeigt, und dem sollte bald ein wachsendes Bewusstsein von der Komplexität der Aufgabe folgen. Ein strategischer Ansatz, der die wichtigsten Hebel bezeichnet und zeigt, wie man sie neu in Stellung bringt, kann nicht mehr lange auf sich warten lassen.

Kommentar:

Für die Wirtschaft liegt der „Standortvorteil" mehr denn je in gut ausgebildeten jungen Menschen. Der Bundesverband deutscher Banken äußerte sich zur Bildungsreform: „Die Arbeitswelt verändert sich grundlegend. Mehr und mehr liegt der Schlüssel zu wirtschaftlicher Leistung in Bildung und Wissen. Damit ist das deutsche Bildungssystem gefordert: Welche Inhalte müssen Schulen und Universitäten vermitteln und welche institutionellen Reformen sind notwendig, damit Deutschland auf dem Weg in die New Economy nicht den Anschluss verliert?"

Mit dem Wandel von der Scheckbuch-Wohltätigkeit zu strategischer Philanthropie geht es nicht mehr nur um das finanzielle Engagement. Gefragt ist eine konzeptionelle Mitwirkung an der Lösung gesellschaftlicher Probleme mit unternehmerischer Kreativität und Einfallsreichtum. So haben sich im Sinne eines solchen gesellschaftlichen Engagements der Bundesverband der Volksbanken, Raiffeisenbanken und der Verein Aktive Bürgerschaft intensiv mit einer in Deutschland noch weitgehend neuen Stiftungsform, den Bürgerstiftungen, beschäftigt.

Warnfried Dettling in „Aktive Bürgerschaft Aktuell"* 2/2001: „Zu den nachhaltigen Veränderungen gehört zweifellos die Wiedereinbettung der Wirtschaft und vieler Unternehmen in die (lokale) Gesellschaft. Diese Entwicklung hat mehrere Ursachen: Der ‚War for Talents', der Wettbewerb um die besten Köpfe, bringt es mit sich, dass Unternehmen ihren Mitarbeitern mehr bieten müssen als Geld und Arbeit, nämlich vor allem auch Möglichkeiten, Arbeit und Leben, Familie und Beruf zu verbinden (Work-Life-Balance)."

Hinzu kommt ein anderer Trend, den Zukunftsforscher als „Ökonomie plus" beschreiben: Kunden und Konsumenten kaufen nicht nur Waren, sondern auch die damit verbundenen „Werte". Durch eigene Ethik-Kommissionen wollen sich große Firmen der Kritik von Umwelt- und Verbraucherschützern entziehen.

---

* Siehe http://www.aktive-buergerschaft.de

4 Intimität lernen

Die in vielen Schulen vermittelte Sexualerziehung wird oft wertfrei gelehrt, einfach nur als eine Verhaltensweise wie bei Vögeln und Bienen. Die Rechten wenden sich grundsätzlich gegen die Instrumentalisierung der Schulen zur Belehrung in Fragen der Sexualität, und die Linken fürchten, dass die Schulen Abstinenz predigen werden.

Beide Ansichten zielen am Kern der Sache vorbei. Daher sollte die bisherige Sexualerziehung abgeschafft und stattdessen ein neuer Kurs mit einem neuen Ansatz eingeführt werden. Im kommunitarischen Netzwerk wurde kürzlich zu diesem Zweck eine Arbeitsgruppe gebildet, die in ihrem Bericht „Das Verhältnis von Religion und Moralerziehung an den öffentlichen Schulen" feststellte, dass anstelle von einfacher Sexualerziehung „Erziehung zu zwischenmenschlichen Beziehungen, Familienleben und Intimität" an allen öffentlichen Schulen eingeführt werden sollte, zumindest an Grundschulen und Sekundarschulen. Dieses Lehrprogramm sollte eine Behandlung der Biologie des Menschen und eine Darstellung seiner besonderen Wesenszüge umfassen, die ihn von den meisten Tieren unterscheiden.

Gegenwärtig behandeln Schulen einen Großteil der Themen, die sich auf Entscheidungen im Bereich der Intimität beziehen, in einer Vielzahl von Fächern wie z. B. Gemeinschaftskunde und Hauswirtschaftslehre, wobei sie andere Themen vernachlässigen. Unsere Kernempfehlung lautet daher: Kombiniert einige der bereits gelehrten Aspekte mit neuen, um dadurch einen umfassenden und moralisch vernünftigen Ansatz für die Erziehung zu guten zwischenmenschlichen Beziehungen und damit den erforderlichen Kontext für Sexualerziehung zu schaffen.

Die Arbeitsgruppe forderte die Abschaffung der bisher wertfrei gelehrten Sexualerziehungsprogramme, die die menschliche Sexualität so darstellten, als wäre sie bloß ein biologisches Phänomen oder ein Lehrgang über die Entwicklung der Blüten. Zugleich aber wandte sie sich gegen die Befürworter einer Verbannung der

Sexualerziehung aus öffentlichen Schulen. Statt Sexualität an öffentlichen Schulen unter dem Aspekt von Gesundheit und Sicherheit zu behandeln, losgelöst von moralischen Erwägungen, oder die Behandlung der Sexualität aus traditionellen moralischen Bedenken zu verbieten, befürwortete die Arbeitsgruppe ein Programm, das den Kindern zwar die biologischen Fakten darlegt, die sie kennen müssen, aber eingebettet in einen Kontext von Wertvorstellungen, die verantwortliche und moralisch eingestellte Menschen sich zu eigen machen. Daher sollte die Sexualerziehung nicht als ein Kapitel menschlicher Hygiene oder Humanbiologie gelehrt werden, vergleichbar der Zahnpflege oder der Automechanik. Insbesondere sollte ein Sexualerziehungsprogramm der öffentlichen Schulen eingebettet werden in eine viel weiter gefasste Behandlung der interpersonellen Beziehungen, des Familienlebens und der Intimität, die auf der Basis einer Reihe von Voraussetzungen und Normen entwickelt werden müssen.

Der Kontext der Charaktererziehung

Die Entwicklung eines starken Charakters muss im Zentrum aller Erziehungsprogramme stehen und besonders derjenigen, die die Intimität behandeln. Menschen mit schwachem Charakter können nicht Verantwortung für ihr Handeln übernehmen, nicht zu den Werten stehen, an die sie glauben, keine guten Partner in einer Beziehung oder aufrechte Mitglieder einer Gemeinschaft sein. Charakterliche Erziehung ist zunächst einmal wesentlich, weil ohne sie alle anderen Erziehungsbemühungen unterminiert werden (wie wir das in undisziplinierten Schulklassen sehen) und alles, was bisher an Erziehung geleistet worden ist, auf schmerzliche Weise verloren geht.

Erzieher müssen zudem die Frage beantworten, ob Sexualität „bekömmlich" oder eine Sünde ist. Das Lehrprogramm zur Intimität geht davon aus, dass Sexualität von Natur aus weder gut noch böse ist, weder unschuldig noch sündhaft; sondern der Kontext entscheidet dies. Sexualität ist in gewissem Sinne vergleichbar der Atomkraft: Angemessen gebändigt ist sie ein Segen für die

Welt; entfesselt kann sie eine höchst zerstörerische Gewalt sein. Der Jugend muss die aus historischer und zeitgenössischer Erfahrung gewonnene Tatsache vermittelt werden, dass Versuche, Sexualität entweder zu unterdrücken oder ihr freien Lauf zu lassen, großes menschliches Leid hervorgerufen haben.

Mehrere Untersuchungen und Erhebungen über weibliche Teenager haben z. B. gezeigt, dass Mädchen am dringendsten Informationen darüber erwarten, auf welche Weise man es ablehnen kann, sich auf einen sexuellen Kontakt einzulassen, ohne die Gefühle des anderen zu verletzen. Dies erwarten sie dringlicher als Informationen über Verhütung, Geschlechtskrankheiten, HIV und Schwangerschaft. Verbesserte Kommunikationsfertigkeiten sind auch für Jungen erforderlich, insbesondere in Bezug auf Vorbeugung gegen Vergewaltigung und sexuelle Belästigung und Aufklärung darüber, wie man sich angemessener gegenüber Mitmenschen verhält. Die Beherrschung dieser Fertigkeiten machen Menschen zu besseren Freunden, Arbeitnehmern, Nachbarn und Mitgliedern von Gemeinschaften. Sie haben vor allem besondere Bedeutung im Zusammenhang mit der Sexualerziehung.

Sogar weitaus weniger erhebliche Erscheinungsformen der Sexualität sind Gegenstand ernster Besorgnis. Wenn man jemandem gegenüber sexuelle Annäherungsversuche macht, der mit dem eigenen Freund fest liiert ist, dann ist das ein sicherer Weg, diese Freundschaft zu verlieren und die Regeln der eigenen Gemeinschaft zu verletzen. Dasselbe gilt, wenn man fortwährend denen gegenüber sexuelle Annäherungsversuche macht, die zu erkennen geben, dass sie dies nicht wünschen.

Im Gegensatz dazu ist Sexualität in angemessenem Kontext eine Voraussetzung für unsere Zukunft. Sexualität kann, in verantwortlicher Weise gelebt, wirklich gereifte Beziehungen festigen, und sie kann eine Quelle großer Freude sein. Kurz gesagt, Sexualität sollte immer im Rahmen von Werten und menschlichen Beziehungen gelehrt werden.

Der tiefere Sinn einer neuen Sexualerziehung

Die Erziehung zur Intimität sollte vor allem bewusst machen, dass es ein moralischer Akt ist, Kinder zur Welt zu bringen, ein Vorgang, der eine Reihe von persönlichen und sozialen Verantwortungen mit sich bringt. Sexualität ist mehr als „erholsames Freizeitvergnügen". Sex ist ein Akt, der schwerwiegende Folgen haben kann, wie z. B. unerwünschte Schwangerschaften und sogar den Verlust des Lebens. Verantwortungsbewusste Menschen wägen die damit verbundenen moralischen Fragen sorgfältig ab; sie ziehen in Betracht, dass es unangenehme Konsequenzen haben kann, wenn man dem Sexualtrieb leichtfertig nachgibt: für das Kind, das gezeugt wird, für die Entfaltungsmöglichkeiten der Eltern und für die Werte der Gemeinschaften, deren Mitglieder wir alle sind.

Erziehung zur Intimität versucht vor allem Minderjährige zu bewegen, keine Kinder zu bekommen. Von Minderjährigen geborene Kinder leiden oftmals beträchtlich in physiologischer, psychischer und auch in anderer Hinsicht. Diese Babys sind empfänglicher für Krankheiten und leiden nicht selten unter Angstzuständen und anderen Beschwerden. Sie werden oft zu einer gesellschaftlichen Belastung in einer Gesellschaft, die zunehmend unwillig ist, sich Kindern angemessen zu widmen. Minderjährige, die Kinder haben, erfahren, wie ihr Leben oft in schwerwiegender Weise eingeengt wird. Es ist viel weniger wahrscheinlich, dass sie ihr Studium erfolgreich beenden, einen Beruf finden oder ihr Leben in wirtschaftlicher, sozialer und in anderer Hinsicht weiterentwickeln.

Wenn Erziehungsprogramme junge Leute dazu bewegen, ihre sexuelle Aktivität zurückzustellen, erhebt sich die Frage: Sollte sexuelle Erfahrung aufgeschoben werden, bis jemand 18 oder 21 ist? Oder bis man verheiratet ist? Diese Frage wird oft von denjenigen gestellt, die meinen, Sexualität sei nur in der Ehe zu vertreten. Obwohl vieles für die Aufschiebung von Sex bis zu dem Zeitpunkt spricht, an dem zwei Menschen jene Art von dauernder Verpflichtung und gegenseitiger Verantwortung eingegangen sind, die die Ehe kennzeichnet, liefert die Ehe jedoch nicht das einzige Kriterium. Die Arbeitsgruppe hat den Teenagern dringend geraten, sowohl Sex als auch die Ehe aufzuschieben, und zwar mit der Begründung, sie seien wahrscheinlich noch nicht reif dafür, eine verantwortliche Entscheidung in beiden Bereichen zu treffen. Außerdem war die Arbeitsgruppe weniger besorgt über intime Beziehungen unter reifen Erwachsenen als unter Jugendlichen. Reife wird nach dem Verhalten beurteilt und nicht nach dem Alter, sie ist aber unter den Älteren weiter verbreitet als unter Jüngeren.

Verantworteter Sex oder Abstinenz?

Das vorgeschlagene Programm verabschiedet sich von der Vorstellung, Sex sei ganz einfach ein natürlicher, gesunder Akt, und Kinder sollte man lehren, wie man dabei planvoll vorgeht, ohne ihnen jedoch irgendwie den Zauber zu nehmen. Aussagen wie: „Sexualität ist ein natürlicher und gesunder Teil unseres Lebens" und „Alle Menschen sind sexuell" mögen zwar im Sinne psychiatrischer Maßstäbe richtig sein (die ja alle erotischen Reaktionen als sexuell einstufen), führen aber zu krassen Fehldeutungen, wenn man sie Kindern gegenüber äußert, besonders wenn dies ohne den gebührenden wertbezogenen Kontext geschieht. Die Aussage, dass „das primäre Ziel der Sexualerziehung die Förderung sexueller Gesundheit" sei, ist in diesem Zusammenhang besonders verhängnisvoll. Gleichwohl schlage ich vor, Ansätze zu vermeiden, die die Sexualität, die nicht der Zeugung von Nachkommenschaft dient, als sündhaft, anstößig oder unanständig bewerten. Sexualität sollte grundsätzlich als ein Urtrieb betrachtet werden. Man kann ihn, ebenso wie die anderen, nicht verleugnen, und man sollte ihn nicht unterdrücken, aber seine Äußerungen müssen der Selbstkontrolle unterworfen sein. Eine Person muss, bevor sie handelt, sich selbst über die Folgen dieses Handelns Rechenschaft ablegen und die Art und Weise, in der sich dieser Trieb äußert, in moralisch und sozial angemessene und verantwortbare Bahnen lenken.

Es ist psychologisch naiv und unrealistisch, sich nur auf die

Willenskraft, auf den Ansatz „Sag-einfach-nein" zu verlassen. Erzieher sollten darauf hinweisen, dass Drogen- und Alkoholkonsum unsere Selbstkontrolle vermindern und dass außer dem Geschlechtsverkehr auch andere Arten der Intimität am besten zurückgestellt werden sollten. Unsere Großeltern hatten wohl ganz richtig erkannt: Wenn man ein achtjähriges Mädchen einen Trainings-Büstenhalter anziehen lässt, Partys mit körperbetontem Tanz für neunjährige Kinder und andere Aktivitäten dieser Art veranstaltet, dann führt das natürlich nicht immer schon zu frühreifem sexuellem Experimentieren, aber solche Veranstaltungen sind auch nicht ganz frei von solchen Auswirkungen.

Man muss Kinder darüber aufklären, dass der Genuss von Alkohol und Drogen unsere Fähigkeit vermindert, die Triebe in einer Art und Weise zu steuern, die sozial konstruktiv und moralisch verantwortbar ist. Sie müssen die innere Freude kennen lernen und vor allem erfahren, was es bedeutet, ihren moralischen Werten und sozialen Verpflichtungen treu zu bleiben, indem sie sich solchen Tätigkeiten wie dem Gemeinschaftsdienst, der Schülerbetreuung, dem Sport, dem erfolgreichen Bewältigen von anstrengenden Schulaufgaben widmen. Sittliche Einstellungen, zu denen man aus Vernunft oder aus einer Wertüberzeugung heraus „ja" sagt, sollten dem „Nein" vorausgehen, es begleiten und ihm folgen.

Soziologische Berichte zeigen, dass diejenigen, die sich in gesellschaftlich positiver Weise einsetzen, die besten Fähigkeiten erwerben, den Verlockungen des Urtriebs nicht nachzugeben, sondern ihm zu widerstehen. Es gibt so viele andere, sinnvolle und schöne Tätigkeiten, die man stattdessen weiterentwickeln oder kultivieren kann.

Kommentar:

Sexualerziehung als Schulfach (fächerübergreifend) strebt über die sexuelle Aufklärung hinaus danach, Kinder und Jugendliche in der jeweiligen Entwicklungsstufe zum Verstehen der eigenen Sexualität anzuleiten als dem Inbegriff aller Vorgänge, die eine geschlechtliche Fortpflanzung ermöglichen. Da die Sexualität des Menschen wesentlich auch dazu dient, Befriedigung von Lust zu erzeugen, sind ihre psychischen, sozialen und kulturellen Auswirkungen zu bedenken und moralisch zu reflektieren. Der Unterricht in der Schule kann dazu nur einen geringen Beitrag leisten. Vielfältige Angebote in Literatur, Kunst und den modernen Medien begrenzen auch den Einfluss der Familie. Wo sind Orientierungen zu finden? Nach dem psychologischen Konzept der Sublimation wird eine niedrig bewertete Neigung „veredelt" durch höher bewertete Aktivitäten – für die Heranwachsenden spielen solche Erfahrungen in der Familie und der Peergroup dabei eine überragende Rolle. Eigene Orientierung wird gesucht im Konflikt zwischen der Bindung an die Familie und dem Streben nach Eigenständigkeit.

Hier darf nicht übersehen werden, dass es auch in Familien zum sexuellen Missbrauch kommt. Zunehmend aufgedeckt wird sexueller Missbrauch unreifer Kinder, die weder hinreichend verstehen noch zustimmen können; vor allem sind Mädchen betroffen, die von den Vätern missbraucht werden. Dies kommt in der Regel erst ans Licht, wenn das Opfer älter wurde und eine psychosomatische Krankheit entwickelt, von zu Hause wegrennt oder in der Schule versagt.

Die hohe Wertschätzung der Familie in kommunitarischer Sicht findet ihre Grenzen dort, wo die Familie verzieht oder gar missbraucht, statt zu erziehen und Verantwortungsbewusstsein zu vermitteln. Beratungsangebote und Kinder-Notrufe sind überall zu erreichen.

Eine auf die aktuell vielfältigen Situationen von Familien bezogene Erziehung wird einfühlsam eingehen auf die verschiedenen Formen, in denen Beziehungen von Eltern und zu Eltern heute gelebt werden (Stieffamilien, Alleinerziehende usw.).

5 Wie Sport bildet

Während von Millionen Amerikanern aus der tiefen Versenkung ihrer bequemen Sessel und Sofas Begeisterungsrufe über die Sportler der olympischen Wettkämpfe zu hören waren, begannen die Schulen ihren Unterricht in diesem Jahr mit doppelt so vielen übergewichtigen Kindern wie vor 30 Jahren – und sind eifrig dabei, Leibeserziehung als Pflichtfach abzuschaffen.

Trotz medizinischer Gutachten, dass weniger körperliche Bewegung zu stärkerer Fettleibigkeit führt, besteht nur der Staat Illinois auf Leibeserziehung vom Kindergarten bis zum Ende der High School und nur Alabama und Washington vom Kindergarten bis zur 8. Klasse.

Zwischen 1991 und 1995 sank die tägliche Teilnahme der High School-Schüler am Sportunterricht von 42 % auf 25 %. Viele Schulen funktionieren Turnhallen in Klassenzimmer um, weil sie dem Druck der Eltern nachgeben, sich in den akademischen Fächern besonders auszuzeichnen und die Jugendlichen auf das College vorzubereiten.

Unterdessen hat der Kongress die Empfehlungen der Clinton-Regierung ignoriert, den Schulen 25 Milliarden Dollar Modernisierungs-Bürgschaften und 6.5 Milliarden an Zuschüssen und Krediten für Notreparaturen zur Verfügung zu stellen.

Kein Kandidat der beiden großen Parteien hat bisher den Schulneubau oder die Renovierung von Schulen zu seinem Thema gemacht, vermutlich weil sie der Ansicht sind, es sei sehr vernünftig, die Turnhallen und Sportplätze zweckentfremdet zu nutzen.

Sport entwickelt mehr als nur Muskeln

Zunächst ein Wort an solche Eltern, Erzieher und Mitglieder der Schulbehörde, die die Zukunft nur in akademischen Ehren an der Universität sehen: Der Sportunterricht ist gut für den Erfolg auf der Universität. Lassen sie mich, der seit über 40 Jahren an Universitäten gelehrt hat – an der Columbia in New York, an der Harvard in Cambridge, an der University of California in Berkeley und an der George Washington University –, sagen, dass eine der wichtigsten Voraussetzungen für den Erfolg an der Universität und auch im Leben die Selbstdisziplin ist. Vielen meiner neu immatrikulierten Studenten mangelt es nicht nur an der Beherrschung der englischen Sprache und an Mathematik, sondern auch an der Fähigkeit, sich in eine Aufgabe hineinzuknien, sich zu konzentrieren und sich an die Regeln zu halten.

Einer der Hauptgründe dafür, dass Studierende tatsächlich oftmals mangelhaft für das Studium vorbereitet sind, ist die Tatsache, dass sie im Gymnasium nicht ruhig sitzen bleiben können, um dem Unterricht zu folgen oder ihre Hausaufgaben zu erledigen. Sportunterricht wäre dort hilfreich gewesen.

Eine Untersuchung unter Viertklässlern ergab, dass diejenigen, die vor einem Konzentrationstest zumindest an leichten sportlichen Aktivitäten teilgenommen hatten – 15-minütiges Stretching und Aerobic Walking – bessere Noten erreichten als Schüler, die vor dem Test nur still herumsaßen. Ein Schüler erlangt keine guten schulischen Leistungen nur aufgrund eines hohen IQ und dadurch, dass er sich mit Wissen vollpumpen lässt; er muss in erster Linie in der Lage sein, überhaupt richtig zu lernen. Im Sport nämlich können Menschen Ausdauer und Durchhaltevermögen lernen, auch wenn man sie bis zur Leistungsgrenze belastet, und sie üben, ihr Ziel im Auge zu behalten. Und, was noch wichtiger ist, der Sport – wir wissen das seit der griechischen Antike und den ersten olympischen Spielen – dient der Entwicklung des Charakters. Hier können Menschen lernen, mit Niederlagen fertig zu werden, beim Spiel Fairness zu bewahren, sich an Regeln zu halten und mit der Autorität umzugehen.

Trainer haben oft eine engere Beziehung zu den ihnen Anvertrauten und sind eher in der Lage, auf sie einzuwirken, als andere Lehrer. Kurz gesagt, sinnvoll gestaltete Leibeserziehung und Sport an Schulen können einen Doppeleffekt bewirken: Sie können Jugendliche zu tüchtigeren Studenten und besseren Menschen machen.

Das Gute überwiegt das Schlechte

Ich ergänze meine Argumente mit dem Hinweis, was Unterricht in Leibeserziehung erwartungsgemäß „tun sollte" und „könnte", weil mir schmerzlich bewusst ist, dass beide Zielsetzungen scheitern können. Junge Menschen, die bei mir arbeiten, berichten mir von Schulen, die sie besucht haben, wo Leibeserziehung einen Anforderungscharakter auf Mickey-Maus-Niveau hatte. Andererseits kann der Sport zu einem bösartigen Wettbewerb verkommen, wenn Jugendliche lernen, dass das Siegen nicht nur ein wichtiges Ziel, sondern das einzig Wichtige ist. Sport kann wirklich soweit verkommen, dass die Trainer Jugendlichen beibringen, gegen Regeln zu verstoßen, wenn der Schiedsrichter gerade nicht hinschaut, und Betrug zu begehen, wenn sie glauben, sie werden dabei nicht erwischt. Sport kann auch alles dominierend werden und somit das Universitätsstudium untergraben.

Aber die Erkenntnis, dass Sport wie alles Wertvolle korrumpiert werden kann, sollte uns nicht davon abhalten, Leibeserziehung als ein erzieherisches Mittel einzusetzen. Ich habe gehört, wie unvorbereitete Lehrer der Gemeinschaftskunde über politisch korrekte Kommentare, die sie am Abend zuvor den TV-Nachrichten entnommen hatten, daherschwafelten. Ich habe Englischlehrer gehört, die Shakespeares „Romeo und Julia" behandelten, als wäre das Stück nicht mehr als ein Possenspiel.

Wenn wir wirklich jedes Lehrfach streichen wollten, nur weil daran etwas zu verbessern ist, dann gäbe es in vielen Schulen herzlich wenig zu unterrichten. Leibeserziehung und Sport müssen, wie auch der übrige Lehrplan, revidiert und nicht liquidiert werden.

Mehr als ein Nachtrag

„Wie der übrige Lehrplan" – dies ist nicht aus Gedankenlosigkeit so dahergesagt. Um ins Bewusstsein zu heben, dass Schulsport ernst genommen werden muss, sollte dieses Unterrichtsfach aus seiner marginalen Stellung im außerkurrikularen Tätigkeitsfeld in den Kernbereich des Lehrplans aufrücken, also Kernfach werden.

Sportlehrern sollte man denselben Status wie den anderen Lehrern zuerkennen, und ihr Unterricht sollte nicht gekürzt werden, bevor das nicht auch z. B. den Geschichtsunterricht trifft. Darüber hinaus sollten Erzieher verstärkte Anstrengungen unternehmen, wie sie das ja auch bei anderen wichtigen Fächern tun, die Leibeserziehung zu dem zu gestalten, was sie sein soll: zu einer Unterrichtszeit, in der die Kinder das Gefühl für und die Fertigkeiten in verschiedenen Sportarten entwickeln, in denen sie Dampf ablassen können, ohne dabei andere zu verletzen. Vor allem aber können sie dabei ihre Fähigkeit zur Selbstdisziplin verbessern.

Das würde für ihre charakterliche und intellektuelle Entwicklung Wunder wirken und uns die Entscheidung ersparen, was von beiden wichtiger ist. Außerdem würden unsere jungen Leute es sogar noch mehr genießen, den olympischen Spielen zuzuschauen.

Kommentar:

Das Wort „Leibeserziehung" (und so etwas steht unserem Autor vor Augen) ist nicht mehr üblich, obgleich es einer ganzheitlichen Sicht entstammt. Sport hat heute viele neue Ausprägungen. In der „Freizeitgesellschaft" nehmen sportliche Betätigungen einen immer größeren Raum ein. Das zeigt sich, wenn Sportpädagogen über die Aufnahme von Trendsportarten in das Unterrichtsprogramm diskutieren. Die Frage nach dem „bildenden Gehalt" von Sportarten führt dazu, neue bzw. andere Vermittlungsmethoden bei fitnessorientierter Bewegungspraxis und die bei einigen Trendsportarten anzutreffende Betonung der Virtuosität des Sich-Bewegens zu berücksichtigen, denn in der Entwicklung innovativer Bewegungsformen liegt eine Selbstermächtigung der Handelnden. Bei Trendsportarten werden drei Gruppen unterschieden: Natursportarten, die hohe Umweltansprüche stellen, „Trendvarianten" konventioneller Sportspiele und solche Aktivitäten, die sich dieser Einordnung entziehen, wie Inline-Skating und Sportklettern, Repräsentanten eines neuen, artistisch geprägten Sportverständnisses. Gerade hier spielen ausdauerndes Training und Erfolgserlebnisse eine wichtige Rolle für die Entwicklung von Charakter und Persönlichkeit.

Der „Jungensport" strebt heute eine körper- und bewegungsorientierte Erlebnispädagogik an, die auch Mädchen anzieht. In der Ausbildung der Geschlechtsidentität spielen diese neuen Varianten von Sport eine wachsende Rolle bei Jungen wie Mädchen.

Mannschaftssport findet als hohe Schule des Zusammenspiels von Menschen mit verschiedenen Fähigkeiten und Chancen große Aufmerksamkeit: ein klassischer Fall für das kommunitarische Paradigma der Mitgliedschaft in einer Gemeinschaft. Medien leben zu einem großen Teil von diesem Interesse – mit der Kehrseite, dass Geld und Manipulation den kommunitarisch verstandenen Sinn überdecken und die Auseinandersetzung mit dem Doping zur Aufgabe nicht nur der Sportverbände, sondern auch der Justiz wird.

Den Verfallserscheinungen stehen die bei den Paralympics in Erscheinung tretenden sportlichen Leistungen von Behinderten gegenüber. Auch hier ist richtig: Sport entwickelt mehr als Muskeln.

6 Gewalt eindämmen

Konservative Republikaner sagen uns im Hinblick auf die Tragödie in Littleton, wo zwei Schüler zwölf Mitschüler, einen Lehrer und sich selbst erschossen haben, mit Recht, dass „die Kontrolle von Schusswaffen das Problem der Jugendgewalt nicht löst“. Liberale Demokraten haben ebenso Recht, wenn sie darauf hinweisen, die Forderung sei grotesk, Eltern und Erzieher sollten das Problem lösen, indem sie die Kinder anständig erziehen. Befürworter der Meinungsfreiheit haben ein gutes Argument, wenn sie behaupten, der Einsatz von Filtern im Internet werde Jugendliche nicht daran hindern, Rohrbomben zu bauen. Alle diese Meinungsverfechter tappen unbewusst in dieselbe gedankliche Falle oder verwenden bewusst Halbwahrheiten, nur um uns daran zu hindern, gerade solche Maßnahmen zu begrüßen, denen sie sich widersetzen. Wahr ist, dass keine einzelne Maßnahme das Problem beseitigen kann; es gibt aber eine ganze Reihe davon, die die Jugendgewalt wesentlich dämpfen würden.

Die Lehre aus der Columbine High School in Littleton, von der man hofft, sie werde weiterhin Aufmerksamkeit auf sich ziehen, statt – wie zu viele Tragödien davor – an Aufmerksamkeit zu verlieren, ist ebenso banal wie bedeutsam: Soziale Phänomene sind multikausal bedingt. Sie werden durch ein Zusammenwirken mehrerer Faktoren verursacht, und daher wird die Bekämpfung eines einzelnen Faktors das Gesamtproblem nicht beseitigen. Es gibt keinen Königsweg, kein Allheilmittel zur Lösung dieses Problems.

Aber diese wichtige Erkenntnis sollte nicht die Tatsache verschleiern, dass am Missbrauch von Schusswaffen das kulturelle Klima und das Internet durchaus einen Teil der Schuld tragen. Daraus folgt, dass wir das Problem bereits ein wenig entschärfen, wenn wir einen der Verursacher-Bereiche in den Griff zu bekommen versuchen; wenn uns das bei mehreren gelingt, umso besser. Aber die Wahrheit ist, das Problem wird nicht gänzlich zu beseitigen sein.

Schusswaffen

Die Waffen-Lobby behauptet, Waffen an sich könnten Menschen nicht töten; es seien die Menschen selbst, die damit töten. Zweifellos haben sie damit zur Hälfte Recht. Es sind wirklich die Menschen – mehr darüber weiter unten. Aber Waffen töten eben auch. Man denke an die etwa 1000 Kinder, die jährlich durch versehentliches Abfeuern von Schusswaffen sterben, die sie in ihren Wohnungen finden und mit ihnen spielen. Denken Sie an den Kerl, der vom Turm der Universität von Texas 37 Studierende erschoss. Er hätte nicht so viele getötet, wenn er nur mit einem Messer oder einem Schraubenschlüssel bewaffnet gewesen wäre. Und an die beiden Mörder in Denver, die man schon längst niedergerungen hätte, wenn sie nicht mit Schnellfeuerwaffen bewaffnet gewesen wären, die sogar die Eingreiftruppe mit ihren kugelsicheren Westen und ihrer paramilitärischen Ausbildung in Deckung gehen ließen.

Die Waffenlobby hat ständig viel politischen Lärm veranstaltet wegen der Tatsache, dass in einigen Landesteilen, in den Neuengland-Staaten z. B., in denen es zahlreiche Waffen gibt, die Mordraten mit Beteiligung von Schusswaffen viel niedriger als in den Südstaaten sind. Wie man sieht, so sagen sie, hängt es vom kulturellen Milieu ab, nicht von der Verfügbarkeit von Tötungswerkzeugen. Aber wenn man sich schon auf kulturelle Vergleiche einlässt, warum beschränkt man sich auf die Neuengland-Staaten? Wenn man auch Großbritannien und alle anderen Demokratien mit berücksichtigt, erkennt man, dass es unabhängig von der jeweiligen Kultur weniger Tötungsdelikte gibt, je weniger Schusswaffen vorhanden sind.

Wenn man davon ausgeht, dass Schusswaffen für einen Großteil des Problems verantwortlich sind – das ist die Art und Weise, wie Soziologen über Einzelfaktoren denken, die sie statistische „Varianz“ nennen –, müssen noch weitere Argumente für diejenigen gesammelt werden, die sich mit der waffenbegeisterten Lobby auseinander setzen müssen.

Zunächst einmal gibt es kein (unbegrenztes) Recht zum Waffentragen, von dem in der Presse so oft die Rede ist. Das zweite

Amendment (Verfassungsergänzung) lautet: „Obwohl eine gut organisierte Miliz für die Sicherheit eines freien Staates notwendig ist, darf das Recht der Bürger, Waffen zu besitzen und zu tragen, nicht verletzt werden." Die Bedeutung dieses Rechtstitels ist vor dem höchsten Gericht des Landes in den letzten 155 Jahren fünfmal untersucht worden. Der Oberste Gerichtshof hat in all diesen Fällen entschieden, dass es keine verfassungsmäßigen Hindernisse gibt, den einzelnen Bürgern Waffenkontrollen aufzuerlegen. Das ist der Grund, warum die NRA (National Rifle Association) in der Regel Maßnahmen zur Waffenkontrolle nicht vor Gericht anficht, sondern stattdessen an die Legislative gerichtete, beträchtliche Wahlkampfspenden leistet, um eine Gesetzgebung zur Kontrolle von Waffen zu blockieren oder sie wieder aufzuheben. Man sollte darauf hinweisen, dass Gelder der NRA während der vergangenen Wahlen eine große Rolle bei den Niederlagen von 24 demokratischen Kongressabgeordneten spielten, die die Bradley-Gesetzesvorlage unterstützt hatten.

Zweitens hat die NRA verdammt Recht, dass die verwässerte Bradley-Vorlage und andere solcher Maßnahmen wenig ausrichten. Der Grund dafür ist, dass sie von sehr begrenztem Wirkungsbereich sind und die Waffenhändler sie umgehen können aufgrund von Schlupflöchern, die größer als Ozeandampfer sind. (So sind z. B. Sicherheitsüberprüfungen von Personen, die Waffen auf Waffenmessen kaufen, nicht vorgeschrieben. Oder wenn ein Hersteller den Namen einer Angriffswaffe ändert, können auf diese Weise an sich verbotene Waffen legalisiert werden, weil der Kongress eine besondere Liste von Waffen verbietet, die namentlich genannt werden.) Aber die Schlussfolgerung aus der Tatsache, dass gegenwärtige Waffenkontrollmaßnahmen sehr nachlässig sind, ist das Gegenteil dessen, was die NRA vorbringt: Die Sicherheit unserer Kinder erfordert nicht weniger Waffenkontrollen, sondern mehr, und zwar von der weitreichenden und umfassenden Art, wie sie Kanada, Großbritannien, Frankreich und Deutschland besitzen.

Schließlich erinnert uns die NRA daran, dass Colorado einer von zwei Staaten ist, die Minderjährigen verbieten, legal Schusswaffen zu besitzen, und daran, „wie viel Gutes dies zur Folge hatte". Nun sind aber Gesetze von geringem Nutzen, wenn sie nicht durchgesetzt werden. Man denke nur an die geringen Budgets derer, die die Aufgabe haben, den Besitz von Waffen zu kontrollieren, insbesondere das „Amt für Alkohol, Tabak und Schusswaffen", und man mache sich bewusst, worin deren Tatenlosigkeit begründet ist. Wenn die NRA mit ihren enormen Einflussmöglichkeiten es dem Kongress und der Gesetzgebung der Staaten gestatten würde, die Finanzen und andere Mittel bereitzustellen, die zur Waffenkontrolle erforderlich sind, dann würden Vollstreckungsbehörden ihre Aufgaben erfüllen können.

Erziehung

Man hört immer wieder, Eltern und Lehrer sollten den Jugendlichen Werte vermitteln, die sie zu guten, friedliebenden Bürgern machen. Ohne Zweifel liegt das hier angesprochene Problem wirklich an der Erziehung (ebenso an den wirtschaftlichen Bedingungen in den Nachbarschaften, in denen sich die Dinge abspielen, und an den historischen Faktoren, die einige Bürger in stärkere Entfremdung treiben als andere). Man sollte jedoch begreifen, dass eine Erziehung, die ihren Schwerpunkt auf Verbote legt, wie z. B. auf die Formel: „Sag einfach nein", nichts bewirken wird; wir brauchen Botschaften, die Jugendliche sinnvoll und überzeugend finden, wir brauchen Werte und Lebensziele, die sie bejahen.

Unsere Gesellschaft fordert von Eltern und Lehrern, unseren Jugendlichen beizubringen, Drogen und Alkohol zu meiden, keinen vorehelichen Geschlechtsverkehr zu haben, nicht zu rauchen und ihren aggressiven Triebkräften keinen freien Lauf zu lassen. Kurz gesagt, sie bemüht sich, auf fast alles mit Verboten zu reagieren, wozu die (vorherrschende) Kultur die Jugendlichen zu verführen versucht, zu solchen Handlungen nämlich, die ihre brodelnden Hormone und Leidenschaften ansprechen.

Der wichtigste Faktor bei der Erziehung gegen Gewalt ist die Tatsache, dass die Erziehung zur Selbstbeherrschung und zu verantwortlichem Verhalten dann am erfolgreichsten ist, wenn junge Menschen sich aktiv und im positiven Sinne in einigen anderen Aktivitäten engagieren. Es genügt nicht, sie nur aufzufordern, sich von solchen Dingen zurückzuhalten, nach denen es sie gelüstet. Beispielhaft sind in diesem Sinne junge Mormonen, orthodoxe Juden, Black Muslims und viele andere, die feste religiöse Überzeugungen vertreten. Man nehme als Beispiel ferner diejenigen, die ehrlich auf der Suche nach körperlicher Gesundheit sind, damit sie im Sport herausragende Leistungen erbringen können, oder diejenigen, die sich ernsthaft auf Gemeinschaftsaufgaben eingelassen haben. Keiner dieser jungen Menschen ist vollkommen oder immun gegen den Sirenengesang unserer Kultur oder ihrer Körper. Aber im Durchschnitt – und vor allem darauf müssen wir unseren Blick richten und nicht auf einzelne Abweichler – kommen diese viel besser zurecht als diejenigen, die man nur auffordert zu widerstehen.

Am wichtigsten ist jedoch dies: Der Streit an öffentlichen Schulen darüber, welche Werte wir denn lehren sollten, geht am Kern des Problems vorbei, weil dieser Streit leider so häufig dazu dient, die so dringend benötigte charakterliche Erziehung zu blockieren. Was Schulen bei Jugendlichen entwickeln sollten – wenn denn Schulen die Wahrscheinlichkeit weiterer Litteletons vermindern sollen – sind zwei entscheidende Verhaltensmerkmale: die Fähigkeit, Triebkräfte in gesellschaftliche Tätigkeitsfelder umzulenken, und die Fähigkeit, Mitgefühl für andere zu entwickeln. Teenager können lernen, ihre aufgewühlten Triebe in Aktivitäten zu lenken, die andere nicht verletzen und ihnen dennoch Selbstbestätigung verschaffen. Der Sport, sofern er angemessen betrieben wird, bietet dazu eine große Chance.

Ich beziehe mich hierbei mehr auf Leibeserziehung als auf Wettkampfsport und auf Sport der englischen Art, wobei nicht der Sieg entscheidend ist, sondern die Art und Weise, wie gespielt wird. Obwohl Sportlehrer häufig unsportliche Schüler hänseln, ist ein solches Verhalten in der Leichtathletik nicht typisch. Wenn tatsächlich irgendeine Gruppe von Schülern auf anderen herumhackt oder sie ausgrenzt, so sollte dies nicht zum Anlass genommen werden, ihre sportlichen Aktivitäten zur Strafe zu reduzieren, sondern als eine Erziehungschance, um eine andere, sehr dringend benötigte Fähigkeit zu entwickeln, die des Mitgefühls. Mitgefühl befähigt uns, des anderen Schmerz mitzuempfinden und macht es viel weniger wahrscheinlich, dass wir ihn verletzen, verspotten oder ausgrenzen.

Wenn diese beiden wesentlichen, das Verhalten steuernden Charakterzüge zu Grunde gelegt sind, kann man die besonderen Werte, für die sie die Voraussetzung darstellen, sehr leicht zu Hause, beim Gottesdienst, durch Mitwirkung in freiwilligen Vereinigungen und auf andere Weise erweitern. Öffentliche Schulen können Erziehung auf bestimmte Werte ausrichten, auf solche Werte, die wir alle teilen – ein Katalog, der wertvoller und reichhaltiger ist als vielfach angenommen.

Kultur

Bei der Diskussion über die Rolle des Films, der Video-Spiele und des Internets, sofern sie unsere Jugendlichen noch gewalttätiger machen, als sie es sonst wären, ist die Behauptung, diese Produkte erzeugten tatsächlich Gewalt, ebenso irreführend wie die Behauptung, sie spielten dabei keine Rolle.

Von den Untersuchungen, die zeigten, dass das, was die Leute im Fernsehen wahrnehmen, Wirkungen bei ihnen auslöst, war eine besonders interessant, die in drei kanadischen Dörfern durchgeführt worden war, die jahrelang aufgrund ihrer besonderen topographischen Lage TV-Sendungen überhaupt nicht empfangen konnten. Kurz nachdem diese Gemeinden nach Einführung des Kabelfernsehens mit dem TV-Empfang begannen, stieg hier die Kriminalität beträchtlich stärker als in anderen kanadischen Dörfern. Einem Soziologen beweist dieses „natürliche" Experiment, dass das Fernsehen durchaus etwas zum Phänomen des Verbrechens beiträgt.

Ich selbst habe ein Videoband über ein Kleinkind untersucht, das eine gewaltdarstellende TV-Sendung anschaute, während es mit seinem Teddybär spielte. Am Anfang des Programms war das Kind vollkommen fröhlich. Als das Band abgelaufen war, hatte das Kleinkind dem Teddy den Kopf abgerissen. Auf ähnliche Weise betätigen sich Kinder, die pornographisches Material angeschaut haben, mit größerer Wahrscheinlichkeit „in oraler Sexualität mit einem anderen Kind" und „führen einen Gegenstand in ihren Anus oder ihre Vagina oder in die eines anderen Kindes ein", so die Aussage eines Psychologen von der University of California vor Gericht.

Die Mörder in der Columbine-Schule hatten sich sowohl ihre Neo-Nazi-Propaganda als auch besondere Konstruktionspläne zum Bau von Rohrbomben aus dem Internet heruntergeladen. Als Reaktion darauf hat Vizepräsident Al Gore ein Übereinkommen mit mehreren führenden Internet-Gesellschaften ausgearbeitet, um Web-Seiten zu installieren, die Eltern helfen sollen, ihre Kinder vor anstößigem und Gewalt darstellendem Material zu schützen.

Es gibt bereits jetzt eine recht große Vielfalt von Software Produkten, die Eltern, Lehrer und Bibliotheken dabei unterstützen können, gefährdendes Material auszublenden. Sie umfassen Internet-Filter wie z. B. Net Nanny, Cyber Patrol und V-Chips, die jetzt obligatorisch in allen TV-Geräten enthalten sein müssen.

Einige davon blockieren den Zugang zu einer bestimmten Liste von Websites und TV-Programmen; andere blockieren den Zugang zu Texten, besonders solchen, die anrüchige Begriffe enthalten. Gegen diese Filter geht man mit derselben irreführenden Logik und mit rhetorischen Tricks vor, die mittlerweile nur allzu vertraut sind. Diese Filter, so hört man, würden das Problem nicht beseitigen. Hacker könnten sie außer Funktion setzen; sie würden dennoch einiges anstößige Material durchschlüpfen lassen, und sie würden den Zugang zu einigen Materialien verhindern, die Kinder nützlich finden könnten. Dies alles mag wahr sein, aber es trifft nicht das eigentliche Problem. Filter verhindern Gewalt ebenso wenig wie Schlösser an unseren Haustüren die Einbrecher fernhalten, noch bietet das Anbraten von Gehacktem eine Sicherheit, dass wir uns nie mit e-Koli-Bakterien infizieren werden. Sie machen es lediglich weniger wahrscheinlich.

Das Problem der Filter scheint auch einige Leute zu verdummen und andere maßlos zu machen. Einige meinen, Eltern und Lehrer sollten mit ihren Kindern „sprechen", mehr mit ihnen kommunizieren, sollten Verantwortung für das Verhalten der Kinder übernehmen und sie lehren, selber verantwortungsvoll zu sein. Natürlich sollten wir das, aber wir sollten auch eine Gesellschaft in Frage stellen, die elterliche und schulische Erziehung so schwierig macht, statt uns zum Beispiel dadurch behilflich zu sein, dass sie Arbeitsplätze sicherer und die Arbeit familienfreundlicher macht.

Was an diesen Argumenten so unsinnig ist, ist die Tatsache, dass sie den Nutzen übersehen, der darin liegt, dass wir für die Erfüllung unserer elterlichen und schulischen Erziehungspflichten Hilfe erhalten können, von wo auch immer. Ein Beispiel: In meinem Haushalt durften Kinder an Schultagen nicht fernsehen, und an anderen Tagen war ihre Fernsehzeit ziemlich begrenzt. Wir redeten natürlich eine Menge miteinander – das „Warum“ ist ja das Lieblingswort der Kinder. Da ich aber außerhalb der Wohnung arbeitete und da die Kinder noch klein waren und daher ihre Willenskraft und ihr Verantwortungsbewusstsein erst in der Entwicklung waren, bewahrten Blockaden an den TV-Geräten sie vor unpassenden Verlockungen, bis sie herangereift waren. Und diese Blockaden ermöglichten es mir, noch etwas anderes zu tun, als in einem Haushalt mit vier Kindern nur ein wachsames Auge auf zwei TV-Geräte und auf zwei Computer zu richten.

Ich wiederhole: das Argument, wir sollten uns nicht auf technische Apparaturen „verlassen“, ist nur allzu richtig; Gott vergebe den Eltern, die eine Net Nanny und ein V-Chip installieren und glauben, damit ihre erzieherischen Pflichten schon erfüllt zu haben. Aber das Argument, wir sollten die Hilfe solcher Mittel ablehnen, ist wie die Ansicht, wir brauchten keine Sicherheitsgurte und sollten stattdessen den jungen Leuten in der Fahrschule einfach nur beibringen, „verantwortungsbewusst“ zu fahren.

Der maßlose Widerstand, der von der ACLU (American Civil Liberties Union) und der ALA (American Library Association) gegen die Filter angeführt wird, verdient besondere Beachtung, weil er eine wichtige Frage der Erziehungs-Philosophie aufwirft: Müssen wir Kinder als noch in Entwicklung befindliche Wesen betrachten oder als zu klein geratene Erwachsene, die deren sämtliche Rechte genießen? Mit dem Ausdruck „in Entwicklung befindliche Wesen" bezeichne ich menschliche Wesen, die ihr Leben in hohem Maße, was ihr Wohlergehen betrifft, in Abhängigkeit von Erwachsenen beginnen und ziemlich unfähig sind, Werturteile zu fällen oder Selbstbeschränkung zu üben, und die erst schrittweise mit den Jahren eine zunehmende Fähigkeit erwerben, in verantwortungsvoller Weise zu handeln – sich selbst gegenüber und gegenüber anderen und der Gemeinschaft. Diese Tatsache, dass Kinder noch in der Entwicklung sind, mag vielleicht so selbstverständlich sein, dass wir diese grundlegende Wahrheit so selten aussprechen. Dies aber gilt nicht für die ACLU, die American Library Association und einige extreme Befürworter der Rechte der Kinder. Diese Verbände und Befürworter stehen auf dem Standpunkt, dass man Kindern dieselben Rechte wie den Erwachsenen zugestehen muss. Die ACLU z. B. widersetzte sich aus verschiedenen Gründen der Beschränkung der so genannten Joe Camel Zigaretten-Werbung, die zum Ziel hatte, Kinder zum Rauchen zu animieren; einer der Gründe war, dass den Kindern der Zugang zu Informationen nicht vorenthalten werden dürfe. Aus demselben Grund ging die ACLU vor Gericht und ließ Computer-Filter aus öffentlichen Bibliotheken in Virginia hinauswerfen und entfernte sie unter Androhung von Gerichtsverfahren in Californien.

Während eines Treffens mit ACLU-Repräsentanten in Washington, an dem auch andere mit dem Recht auf Privatsphäre befasste Gruppen teilnahmen, machte die ACLU deutlich, dass sie sich generell jeder Festlegung einer Altersgrenze hinsichtlich des Rechts der Kinder auf Zugang zu jeglichem Informationsmaterial widersetzten. Den besonderen Schutz der Kinder, um den die amerikanische Wettbewerbsbehörde FTC ersuchte und der Gegenstand jenes Treffens war, betraf nur die Kinder unter 12 Jahren.

Gefragt, ob die ACLU mit einer Herabsetzung der Altersgrenze zufrieden wäre, war die Antwort ein klares Nein. Und als Gerichte prüften, ob Filter in die Computer öffentlicher Bibliotheken installiert werden sollten, zu denen die Kinder Zugang haben, behauptete die ACLU, dass „offen dargebotene sexuelle

Informationen und sogar Pornographie an sich bei Kindern jeglichen Alters keinen psychischen Schaden verursachen".

Die American Library Association nimmt eine sehr ähnliche Position ein. Sie verweigert Eltern von Kindern jeglichen Alters das Recht herauszufinden, welche Bücher ihre Kinder ausgeliehen haben. In einer Regelung, die humorvoll, wenn nicht sogar absurd ist, teilt die ALA den Eltern mit, die eine Erklärung unterschreiben müssen, mit der sie die Haftung für Bücher übernehmen, die ihre Kinder verlieren, dass Eltern eine Erlaubnis von ihren Kindern benötigen, die es der Bibliothek gestattet, solche Informationen freizugeben, wenn in diesem Sinne betroffene Eltern zu erfahren wünschen, für welche überzogenen Bücher sie eine Geldstrafe zu bezahlen haben.

Aus meiner Sicht haben Eltern und Lehrer nicht nur das Recht, sondern auch die Pflicht herauszufinden, was die ihnen Anvertrauten gerade lesen, im Fernsehen anschauen oder womit sie spielen. Sie haben die Verpflichtung, das erzieherische Umfeld ihrer Kinder mit zu gestalten, ihnen bei der Wahl der Bücher, die sie lesen sollten, der Musik, die sie hören sollten, des Fernsehprogramms, das sie anschauen sollten und bei der Entscheidung, welche sie meiden sollten, zu helfen. Wenn wir über Kinder unter zehn Jahren sprechen, erübrigt sich jede Diskussion, und sogar bei Teenagern müssen Eltern und Erzieher sich einmischen und nicht beiseite stehen. Wenn ein Klassenkamerad meines Sohnes Selbstmord begangen hat und mein Sohn darauf sehr depressiv reagiert und viele Stunden allein in der Bibliothek verbringt, dann ist es zumindest meine Pflicht herauszufinden, ob er nur Dostojewski oder aber Bücher der Hemlock Society liest, in denen sich u. a. „Gebrauchsanweisungen" für einen reibungslosen Selbstmord finden. Ich sollte auch herausfinden, ob eines meiner Kinder tief in der Lektüre von Hitlers „Mein Kampf", „The Anarchist's Cookbook" oder im „Unabomber Manifesto" steckt, damit ich ihm helfen kann, angemessen mit diesen vergiftenden Büchern umzugehen.

Worum es bei der Erziehung der Kinder letztendlich geht, ist dies: den Kindern bei der Entwicklung der moralischen und intellektuellen Fähigkeiten zu helfen, die notwendig sind, um verantwortliche Entscheidungen zu treffen, wenn sie herangewachsen sind. Jeder von uns Eltern kann Wohnung und Nahrung zur Verfügung stellen, und Liebe (zu den Kindern) kommt auf ganz natürliche Weise. Aber den Charakter der Kinder zu entwickeln, ist die vornehmste Pflicht der Eltern, die sie mit den Erziehern teilen, die häufig (in der Praxis) die Rolle der Eltern übernehmen.

Zusammenfassung

Die Wahrheit ist, dass Gott, die Natur und die Soziologie uns nicht mit den erforderlichen Mitteln begabt haben, um die meisten sozialen Probleme zu beseitigen. Es ist daher sehr leicht nachzuweisen, dass keine einzelne Maßnahme das Problem der Jugendgewalt oder vieles andere lösen wird. Aber wenn wir es nicht zulassen, dass uns die Suche nach dem vollkommenen Menschen und der vollkommenen Gesellschaft lähmt, dann werden wir in der Lage sein, die Wahrscheinlichkeit deutlich zu verringern, dass wir nochmals eine Tragödie wie die in Littleton erleben müssen. Es gibt sehr wenig in unserem persönlichen und kulturellen Lebensbereich, das wichtiger wäre, als das Leben unserer Kinder zu retten. Wir sollten daher einen größeren Anteil unserer Energie und unserer Ressourcen für unsere Kinder aufwenden, und zwar für jedes einzelne, denn die Zuwendung für ein Kind kann 15 andere retten.

Kommentar:

Die ACLU (American Civil Liberties Union) besteht auf dem Recht zum Waffentragen. Bei uns braucht, wer Schußwaffen besitzt, einen Waffenschein. Das bedeutet aber keineswegs, dass Gewalt nicht in Bereiche jugendlichen Lebens vordringt, sogar in die Schulen. Der Jugendforscher Wilhelm Heitmeyer hat die Einstellung Jugendlicher zu Gewalt untersucht*: 15 % der ostdeutschen und 13 % der westdeutschen Jugendlichen waren generell der Meinung, dass es in jeder demokratischen Gesellschaft „Konflikte gibt, die mit Gewalt ausgetragen werden müssen". Wesentlich höher als die Akzeptanz einer gewalttätigen Konfliktregelung im gesellschaftlichen Rahmen ist das Verständnis für eine persönliche Gewaltanwendung in einer Konfliktsituation: 47 % der ostdeutschen Jugendlichen und 35 % der westdeutschen Gleichaltrigen" verstehen und akzeptieren individuelle Gründe für gewalttätiges Verhalten von Jugendlichen. Auffallend ist hier die deutlich höhere Bereitschaft der ostdeutschen Jugendlichen, die Selbstverteidigung, die Verteidigung anderer und Angst/Unsicherheit als Gründe für Gewalt anzusehen, während für mehr westdeutsche Jugendliche familiäre Schwierigkeiten mögliche Gewaltgründe enthalten können.

Außerdem stellte Heitmeyer fest, dass sich in den vergangenen Jahren weniger das gewaltförmige Verhalten verändert, sondern dass eine Polarisierung zur erhöhten Brutalität stattgefunden hat. Das bedeutet, die anonyme Gewaltfaszination wird zur latenten Gewaltbereitschaft und diese führt zur offenen Gewalttätigkeit. Besonders zur Profilierung vor anderen, meist gleichaltrigen Jugendlichen, wird Gewalt angewendet, um Status und Anerkennung in der Gruppe nicht zu verlieren. Häufiger und früher schließen sich auch Kinder kriminellen Cliquen an.

Die Hemmungen, gezielt zu treten oder ins Gesicht zu schlagen, sind dabei deutlich geringer geworden. Nicht mehr

* In: Heil, Hubertus; Perik, Muzaffer u. Wendt, Peter-Ulrich (Hg.): Jugend und Gewalt, Verlag Schüren, Marburg 1993, S. 15

nur die bloßen Fäuste, sondern immer gefährlichere Waffen kommen zum Einsatz. Neben Baseballschlägern, Messern, Gas- und Signalpistolen tauchen neuerdings auch Äxte, Butterfly-Messer und Schreckschusswaffen, Molotowcocktails und asiatische Kampfgeräte wie Sicheln, Wurfsterne und so genannte Chakuhölzer auf. Im High-Tech-Zeitalter werden mehr und mehr Gaspistolen, Signalraketen und Tränengas verwendet.

Wilhelm Heitmeyer: „Angst, im täglichen Konkurrenzkampf um Arbeit, Erfolg und sozialen Status nicht bestehen zu können, führt vor allem bei Unterschichtjugendlichen zu einem Gefühl von Ohnmacht. Und Gewalt verspricht wenigstens kurzfristig eine Befreiung aus der Ohnmacht." Die Erlangung materieller Vorteile wird mehr und mehr mit zunehmendem Gewalteinsatz verwirklicht. Die gewalttätigen Jugendlichen fühlen sich hierbei oft als Elite und definieren ihr Wertesystem um: So gebührt nach deren Auffassung jemandem Ehre, der besonders aggressiv Auseinandersetzungen sucht und besonders lange und intensiv durchhält, beispielsweise Hooligans. Bei vielen jungen Menschen ist dabei kein oder nur mangelndes Unrechtsbewusstsein festzustellen."

Die meisten Jungtäter begehen ihre Straftaten vor allem gegen Altersgenossen. Oft sind junge Leute Opfer der Gewaltkriminalität. Seltsamerweise sehen die Opfer das Erbringen von „Wegezöllen oder sonstigen Leistungen wie z. B. Zigaretten" schon fast als normal an. Oft hätten die Täter sogar einen dementsprechenden Ruf, so dass sie ihre Forderungen meist widerstandslos und ohne Ungerechtigkeitsempfinden der Opfer durchsetzen können.

Durch die allgemeine Beziehungsarmut an den meisten deutschen Schulen kann von Schülerseite kaum auf Klassenkameraden eingewirkt werden: Je weniger man sich sprachlich artikulieren kann und je weniger man reflektiert, um so schneller schlägt man zu.

Eltern und Lehrer haben nur wenig Einblick in diese Vorgänge. Zu fragen ist, warum? Zu den Ursachen für das Nichtwissen gehört auch die Neigung zum Nichtwahrnehmen, ja eine Scheu vor der möglichen Informiertheit über kriminelle Verflechtungen. Eine gesunde Neugier erschließt manches aus Andeutungen, wenn die Gefährdung grundsätzlich anerkannt wird. Dabei darf nicht übersehen werden, dass sich überall soziale Selbstregelungsprozesse (etwa der Ehrenkodex unter Jugendlichen und allgemeines Misstrauen gegen die „Erwachsenen") vorfinden. Gemeinschaften entwickeln Fähigkeiten zum Ausgleich von Spannungen. Wo diese nicht ausreichen, gilt wie bei jeder Gefahr, dass es nie zu früh ist, aber oft zu spät.

Gewalterfahrungen machen Kinder in Deutschland bereits zu Hause: Mehr als die Hälfte aller Eltern bestrafen ihre Kinder mit Ohrfeigen oder noch schwerwiegenderen Maßnahmen. Die Bundesfamilienministerin startete am 13. Juli 2001 eine Kampagne: „Recht auf gewaltfreie Erziehung" und erinnerte an das im Vorjahr verabschiedete „Gesetz zur Ächtung der Gewalt in der Erziehung".

7 Den Zigarettenverkäufern eins auswischen

Jeder von uns hat einen kleinen Wachsoldaten in sich und der lässt sich einfach nicht vertreiben. Es widerstrebt uns noch immer, die Notwendigkeit einer starken Autorität zur Aufrechterhaltung der sozialen Ordnung anzuerkennen. Nehmen sie zum Beispiel die kürzliche Aufregung über den Einsatz von Teenagern bei polizeilichen Stichproben, die den Zweck haben, den Verkauf von Zigaretten an Minderjährige zu reduzieren. Die Polizei schickt bei diesem Vorgehen 15-Jährige los, die auch wirklich so aussehen (und nicht einige von den hoch aufgeschossenen Typen) und versuchen, Rauchwaren zu kaufen. Wenn diesen Minderjährigen tatsächlich Zigaretten verkauft werden, wird der Gesetzesbrecher zunächst verwarnt und danach bei erneutem Verstoß mit 125 Dollar bestraft. Wenn auch Alkohol an Minderjährige verkauft wird, kann die Gewerbe-Lizenz entzogen werden.

Diese Art von Stichproben soll in wenigstens 17 Staaten stattfinden und wird vom National Cancer Institute gefördert. (Wenn man davon ausgeht, dass nicht weniger als 54 % der Händler in einigen Teilen des Landes nachweislich gegen das Gesetz verstoßen, z. B. in Madison, Wisconsin, dann reichen die Geldstrafen, um ein gut Teil der Unkosten dieses Unternehmens zu decken.)

Höchst interessant ist, dass sich Teenager in mehreren Gemeinden zu Anti-Rauchergruppen zusammengeschlossen haben: Sie machen die Händler ausfindig, die illegal Zigaretten und Kautabak verkaufen und melden sie von sich aus der Polizei.

Auf den ersten Blick scheint es, es würde nur freudige Zustimmung auslösen, wenn man den Verkauf von Sargnägeln unterbinden würde (wie Zigaretten schon bezeichnet wurden, bevor überhaupt die Wissenschaft bestätigte, wie zutreffend diese volkstümliche Bezeichnung ist). Denn die Gefahr für das hier betroffene öffentliche und persönliche Wohl ist allzu offensichtlich: Nach dem Befund des Center for Disease Control übersteigt der Schaden, den Zigaretten an der Gesundheit in den USA anrichten, den durch Drogen, Alkohol, Autounfälle und AIDS insgesamt verursachten Schaden.

Dies mag alles zutreffen, so argumentieren sowohl die Befürworter der Willensfreiheit als auch die Tabak-Lobby, aber jeder Einzelne müsse die Freiheit haben, darüber zu entscheiden, was mit seinem eigenen Leben geschieht. Die konkreten Daten über die sekundären Auswirkungen des Rauchens (d. h. auf Nichtraucher) seien ziemlich umstritten. Außerdem entstünden keine direkten Kosten für die Allgemeinheit, wie uns makabre Vertreter der Wirtschaft versichern, denn die Raucher stürben früher als der Rest von uns, sie lebten also oftmals nicht so lange, dass sie ihre Rente noch genießen könnten.

Wir vergessen gern, wenn wir uns auf die Argumentation über die freie Willensentscheidung einlassen, dass es ein typisches Erwachsenenrecht ist, Entscheidungen zu treffen. Wenn es um Kinder geht, haben Eltern, Erzieher und die Gemeinschaften die Pflicht, sie zu schützen. Dazu gehört die Beschränkung ihrer Wahlfreiheit – das reicht von der Frage, wie lange sie aufbleiben dürfen, bis zur Frage, wie sie am Straßenverkehr teilnehmen –, bis sie herangewachsen und in der Lage sind, eigenverantwortliche Entscheidungen zu treffen. Heutzutage fangen Raucher (genauer gesagt 89 %) zu rauchen an, bevor sie das 18. Lebensjahr erreicht haben. Wenn man davon ausgeht, dass Teenager abhängig werden, bevor sie ein Alter erreichen, in dem sie reife Entscheidungen treffen können, ist es unsere Pflicht, ihnen zu helfen, Zigaretten und andere abhängig machende Substanzen abzulehnen. Daraus folgt, dass Gesetze, die den Verkauf von Zigaretten an Minderjährige verbieten, ihre Existenz nicht irgendeiner altmodischen oder bevormundenden Legislative verdanken, nein, sie sind von der Sache her vollkommen gerechtfertigt.

Darüber hinaus muss man den Wachsoldaten in uns merkwürdigerweise daran erinnern, dass Gesetzen Nachdruck verliehen werden muss. Polizeiberichten zufolge werden Zigaretten an Minderjährige in vielen Teilen des Landes sehr freigiebig verkauft. Wenn Gesetze in dieser Weise ungestraft ignoriert werden, droht uns mehr als eine neue Generation von Abhängigen; wir lehren die Jugendlichen Gesetze zu missachten.

Einen feinsinnigen Beleg dafür, wie widerstrebend wir Autorität unterstützen, kann man der Tatsache entnehmen, dass die maßgeblichen Stellen es für notwendig erachten, die Händler über die bevorstehenden Stichproben vorab zu warnen. Die bloße Existenz eines Gesetzes und elementare Gerechtigkeit scheinen keine ausreichende Grundlage für das Einschreiten zu sein. Besondere Vorwarnungen müssen an diejenigen gerichtet werden, die gegen das Gesetz verstoßen: „Paßt diese Woche gut auf; man könnte euch überführen." Andernfalls könnte man ja meinen, die Polizei handele „unfair", so als ob wir Räuber und Gendarm spielten und die Gendarme die Einzigen wären, die in schnellen Turnschuhen agierten.

Dennoch sind meine liberalen Freunde in heller Aufregung. Teenager dazu anzuleiten, andere bei der Polizei zu verpfeifen, ihren Nachbarn oder die eigenen Eltern an die Regierung zu verraten, dies empöre ihren inneren Wachsoldaten. Tatsächlich sind aber weder Nachbarn noch Eltern betroffen. Niemand fordert die Kinder von Ladenbesitzern oder Nachbarn dazu auf, diejenigen zu bespitzeln, die ihnen nahe stehen. Dies stand vielmehr in einigen früheren Jahrhunderten im Vordergrund, als die Werte unverrückbar waren und die Gesetze peinlich genau durchgesetzt wurden. Damals hätte sogar die Notwendigkeit bestanden, die Staatsmacht daran zu hindern, die Bürger über Gebühr zu beherrschen.

Wenn man von unserer zerfallenden sozialen Ordnung ausgeht, dann ist es das Gebot der Stunde, öffentliche Autoritäten zu schützen. Solche Schutzmaßnahmen sind jedoch unmöglich, wenn wir jedes neue Vorhaben blockieren, das die Gemeinschaft ergreift, um Gesetzesverstöße zu unterbinden. Stichprobenartige Überprüfungen sind ein solches probates Mittel, wenn sie nicht gerade heimtückische Fallen darstellen und wenn sie den Einzelnen nicht verleiten, dabei Gesetzesverstöße zu begehen, die er sonst nicht begehen würde.

Teenager täten gut daran (und diejenigen, die mit ihnen arbeiten, möchten sie dazu ermuntern) zu lernen, auf die eigene moralische Stimme zu hören, bevor sie sich an die Polizei wenden. Anti-Raucher-Aktivisten können ihre Besorgnis gegenüber Ersttätern dadurch zum Ausdruck bringen, dass sie dem Ladenbesitzer einen Brief schicken, wenn man ihn auf frischer Tat ertappt hat. Und Teenager täten gut daran, die Geschäfte von Wiederholungstätern zu bestreiken.

Wenn diese bürgerschaftlichen Maßnahmen aber versagen, ist die Zusammenarbeit mit der Polizei ein Teil der Bürgerpflicht und kein unamerikanisches Verhalten.

Kommentar:

„Rauchen tötet" – Robert Kennedy hat es bereits 1967 so formuliert: „Die Tabakindustrie propagiert tödliche Waffen. Sie profitiert am Geschäft mit Menschenleben. Den Unternehmern der Tabakindustrie fehlt jedes soziale Verantwortungsbewusstsein." Inzwischen bestreiten nicht einmal Hersteller oder staatliche Instanzen, dass Rauchen Lungenkrebs auslösen kann und den Raucher süchtig macht. Die Nikotin-Sucht ist Thema für aufsehenerregende Prozesse in den USA, die hohe Kosten für die Konzerne verursachen. In Deutschland gibt es nur wenige Orte und Institutionen, die sich um entsprechende rechtswirksame Sucht-Prävention und Entziehungen kümmern. Prozesse haben noch nicht stattgefunden

Aber die Tabakindustrie kämpft gegen das Werbeverbot und andere Vorschriften. Auf Konferenzen zu gesundheitlichen Themen treten Redner auf, die versuchen, die Gefahren des Passivrauchens zu verharmlosen. Bei Anhörungen wird verschleiert. Wissenschaftler schreiben Leserbriefe und werden dafür bezahlt. Die Tabakkonzerne wissen, was sie tun. Sie haben es in ihren eigenen Labors erforscht – und die Ergebnisse diskret verschwinden lassen. Geld regiert: Politiker werden gesponsert, Medien unter Anzeigen-Entziehungsdruck gesetzt. Philipp Morris fiel mit einer Kampagne auf, die sich mit Comics vor allem an Kinder wandte.

Erzieher und Eltern müssen sich fragen, worauf die Anziehungskraft des Rauchens beruht. Das meiste ist den Werbekonzeptionen der Tabakindustrie selbst zu entnehmen. Es lohnt sich, diese zu entschlüsseln, um die Defizite, auf die sie sich beziehen, zu erkennen und auf andere Weise abzubauen. Dazu gehören u. a. mangelnde Kontakterfahrungen, Selbstwertzweifel, Anpassungsdruck und ein Emanzipationsbedürfnis gegenüber als unterdrückend empfundenen Strukturen sowie unbefriedigte Sehnsüchte nach Erotik und Abenteuer, ganz abgesehen von erwachsenen Vorbildern und der Erfahrung des Scheiterns von guten Vorsätzen.

Besondere Versicherungsprämien für Raucher sollten erörtert werden, da die Raucher die nichtrauchende Bevölkerung mit Solidarkosten belasten.

PERSPEKTIVEN

1 Integrations-Kultur

Der junge Chief Executive Officer war sich sehr sicher: „Ganz Amerika wird bald wie Kalifornien aussehen" und „Wir müssen uns selbst, die Arbeitnehmer und unsere Mitbürger auf ein Leben in einem vielgestaltigen ‚multikulturellen' Amerika vorbereiten." Der Anlass war ein Workshop zum Sensibilitäts-Training mit dem Ziel, Führungskräften beizubringen, wie man die ihnen Untergebenen darauf vorbereitet, mit Menschen unterschiedlicher sozialer Herkunft umzugehen.

Der demographische Scharfsinn dieses CEOs war brillant; viele Bereiche Amerikas und nicht nur Kaliforniens werden vielfarbiger. Eine wachsende Zahl von Einwanderern aus Lateinamerika und Asien siedelt sich in Kommunen weit entfernt von der mexikanischen Grenze und der Pazifikküste an, in Orten wie Wasaua in Wisconsin und Storm Lake in Iowa. Diese Bevölkerungsbewegung hat einige Kommentatoren zu der Behauptung veranlasst, Amerika werde sich in überschaubarer Zukunft zu einem Land entwickeln, in dem Euro-Amerikaner eine Minderheit und Amerikaner anderer ethnischer und rassischer Herkunft die Mehrheit darstellen werden. Die Demographin Martha Farnsworth Riche schrieb einen Artikel in der angesehenen Zeitschrift *American Demographics* mit dem Titel: „Wir sind jetzt alle Minoritäten" und stellte darin fest: „Die Vereinigten Staaten erleben gegenwärtig einen neuen demographischen Veränderungsprozess: sie werden zu einer multikulturellen Gesellschaft. (...) (Sehr bald) werden sie sich aus einer von Weißen dominierten und in der westlichen Kultur verwurzelten Gesellschaft zu einer Weltgesellschaft wandeln, die von drei großen, rassisch und ethnisch bestimmten Minoritäten geprägt sein wird." Eine Sondernummer der TIME schrieb in einer Vorschau auf unsere ethnische Zukunft: „Amerika bewegt sich auf eine Epoche zu, in der es möglicherweise keine ethnische Mehrheit mehr geben wird, die Weißen dann nur noch eine Minderheit unter anderen."

Solche Zukunftsvisionen werden durch elementare Statistiken widerlegt. Wenn die gegenwärtigen Trends anhalten, wird es noch mindestens die ganze nächste Generation hindurch und darüber hinaus eine weiße Mehrheit in Amerika geben. Weiße werden z. B. im Jahr 2030 noch immer 60.5 % aller Amerikaner ausmachen, wohl kaum eine Minderheit. Über mehr als eine Generation hin, von 1995 bis 2030, wird der Anteil der Schwarzen um vermutlich nur 1.1 % und der der Asiaten um 3.3 % steigen. Die hispanische Bevölkerung wird im gleichen Zeitraum vermutlich viel stärker steigen, nämlich um stattliche 8.7 %. Alles in allem wird dennoch der Anteil der nicht-angloamerikanischen Bevölkerung in 35 Jahren um nicht mehr als 13.1 % wachsen. Wer sich noch weiter in die Zukunft wagt, erkennt – ungeachtet der Tatsache, dass solche langfristigen Prognosen ihr Ziel oftmals peinlich verfehlen – immer noch eine weiße, wenn auch recht knappe Mehrheit im weit entfernten Jahr 2050. Aber ganz abgesehen davon geht eine derartige Analyse an der eigentlichen Sache vorbei. Die zentrale Frage ist nämlich nicht, welche Hautfarbe künftige Amerikaner haben werden, sondern welche Qualität ihre wechselseitigen Beziehungen aufweisen werden.

Ein neuer Schmelztiegel

Was in diesem Zusammenhang oft übersehen wird: Während Amerika vorwärts stürmt – und zwar weit davon entfernt, in rassischer und ethnischer Hinsicht noch mehr zersplittert zu werden – entwickeln sich überraschend starke Bindungen in interkulturellen Ehen. Und diese können die Barrieren überbrücken, die von denen, die eine vielfarbige Zersplitterung vorhersagen, gern überbetont werden. In früheren Jahrhunderten nahmen es die Menschen gern hin, mit Leuten unterschiedlicher Herkunft zu arbeiten und in ihrer Nähe zu leben, fühlten sich aber beunruhigt, wenn ihre Kinder jemanden mit einer anderen rassischen oder ethnischen Herkunft heirateten. Diese Einstellungen sind nicht verschwunden, sind aber beträchtlich zurückgegangen. Im Jahre 1995 waren 8.4 % der Ehen (eine von zwölf) gemischt-rassige oder gemischt-ethnische Ehen. Solche interkulturellen Ehen zwischen asiatischen Amerikanern und Weißen sind besonders verbreitet, und Ehen zwischen Hispano-Amerikanern und Weißen sind auch recht häufig, während solche Ehen mit Afro-Amerikanern am seltensten sind. Insgesamt sind die interkulturellen Ehen jeglicher Art im Vormarsch. Seit 1970 ist der Anteil dieser Ehen unter Leuten unterschiedlicher rassischer und ethnischer Herkunft um 72 % gestiegen und wird voraussichtlich auch in Zukunft steigen. Das heißt – obwohl es durchaus mehr Amerikaner nicht-europäischer Herkunft geben kann –, eine wachsende Anzahl der amerikanischen weißen Mehrheit wird lateinamerikanische Schwiegertöchter oder Schwiegersöhne haben, asiatische Stiefväter oder Stiefmütter und eine ganze regenbogenfarbene Vielfalt von Vettern und Nichten. Soziologen betonen, dass solche interkulturellen Ehen von besonderer Bedeutung beim Aufbau von Gemeinschaften sind, vor allem weil sie ausgesprochen enge Bindungen nicht nur für die verheirateten Paare, sondern auch für ihre Großfamilien herstellen.

Welche Latino-Amerikaner? Wer ist ein Asiat?

Gerade die Vorstellung, es gebe soziale Gruppen, die man zu Recht „asiatische Amerikaner" oder „Latinos" nennt, ist ein statistisches Kunstprodukt (das die Art und Weise widerspiegelt, wie soziologische Daten kodiert und weitervermittelt werden). Diese Kürzel, die die Medien recht praktisch finden, werden gerne von Führern ethnischer Gruppen verwendet, die sich selbst zu Sprechern einzelner sozialer Gruppen ernannt haben. Die meisten so genannten asiatischen Amerikaner sehen sich jedoch keineswegs als asiatische Amerikaner, und viele von ihnen lehnen es ab, so bezeichnet zu werden. Viele japanische Amerikaner empfinden keine besondere Zuneigung gegenüber Philipinos, pakistanischen oder koreanischen Amerikanern. Diese Empfindungen beruhen auf Gegenseitigkeit. Paul Watanabe vom Institut für asiatisch-amerikanische Studien an der Universität von Massachusetts, selbst ein Amerikaner japanischer Herkunft, stellt fest:

„Es gibt durchaus diese Vorstellung, alle Asiaten seien gleich, hätten die gleiche Geschichte, die gleiche Sprache, den gleichen Lebenshintergrund. Nichts ist aber falscher als das."

Die meisten Amerikaner asiatischer Abstammung möchten lieber mit dem Land ihrer Herkunft identifiziert werden. Setsuko Buckley, ein japanischer Sprachlehrer an der Western Washington University, weist darauf hin, dass „asiatische Amerikaner differenziert betrachtet werden müssen, nämlich als japanische, chinesische oder koreanische Amerikaner, weil sie das so wollen. Auch Südost-Asiaten unterscheiden sich von einander – Vietnamesen, Thais, Kambodschaner –, und ihnen sollte die Möglichkeit erhalten bleiben, so bezeichnet zu werden, wie sie es wünschen." Am anderen Ende des amerikanischen Kontinents sind die sozialen Zuordnungen nicht anders. Eine Erhebung in einer New Yorker High School, durchgeführt vom Soziologen Pyong Gap Min am Queens College, hat herausgefunden, dass die meisten Amerikaner koreanischer Herkunft sich nicht als asiatische Amerikaner, sondern als koreanische Amerikaner betrachten.

William Westerman vom International Institute of New Jersey klagt über Amerikaner, die gern die kulturellen Unterschiede unter den asiatischen Nationen ignorieren, die doch unterschiedliche Traditionen von Tausenden von Jahren widerspiegeln. Er fragt sich, wie Bürger der Vereinigten Staaten, Kanadas und Mexikos nach einem Umzug nach Europa wohl empfinden würden, wenn man sie dort alle ohne Unterschied als Nordamerikaner behandeln würde.

Dasselbe gilt für die so genannten Latinos, darunter auch drei meiner Söhne. Amerikaner hispanischer Herkunft können ihren Ursprung auf viele unterschiedliche Länder und Kulturen zurückführen. Eduardo Diaz, ein Verwaltungsbeamter des Sozialministeriums, drückte sich so aus: „Es gibt kein Gebiet Hispanica. Ich halte es für erniedrigend, nach einem Land bezeichnet zu werden, das es gar nicht gibt." Eine mexikanisch-amerikanische Büroangestellte meinte, sie denke „an irgendeine Insel", wenn man sie eine „Latina" nennt. Viele Amerikaner aus Zentralamerika halten sich für „mestizo", Mestizen, eine Bezeichnung, die eine Mischung von indianischen und europäischen Vorfahren meint.

Von denen, die von der National Latino Political Survey von 1989 erfasst wurden, entschied sich die größte Anzahl der Befragten, nach ihrem Ursprungsland bezeichnet zu werden statt mit solchen pauschalisierenden Namen wie „hispanics" oder „latino".

Diese und andere Daten vermitteln die Botschaft, dass wir – weit entfernt davon, Amerika in zwei oder drei sich scharf abgrenzende Minoritäten-Lager aufgeteilt zu sehen – Zeugen des Fortwirkens einer traditionell amerikanischen Erscheinung sind: Amerikaner unterschiedlicher Herkunft identifizieren sich mit Gemeinschaften anderer Amerikaner aus demselben Herkunftsland – eine Zeit lang zumindest – aber mit keiner anderen, größeren oder länger schon bestehenden Gruppe.

Multikulturalismus oder amerikanische Weltanschauung?

Es ist vor allem ein schwerwiegender Fehler zu glauben, dass die meisten Amerikaner aus unterschiedlichen sozialen Milieus einem anderen Lebensentwurf folgen oder einer anderen Weltanschauung anhängen werden als die weiße Mehrheit, nur weil die amerikanischen Gesichter nach einer Generation nach Hautfärbung und Augenform etwas vielgestaltiger aussehen werden. Eine Untersuchung aus dem Jahre 1992 fand heraus, dass die meisten Amerikaner (79 %) eine „faire Behandlung aller, ohne Vorurteil und Diskriminierung" befürworten, wobei die Zahlen für Schwarze und Hispanics sogar noch höher, nämlich bei 86 % bzw. 85 % lagen. Ähnlich zeigt eine Umfrage unter Einwohnern New Yorks, dass die überwiegende Mehrheit der Befragten die Tradierung „des gemeinsamen Erbes und der Werte, die wir als Amerikaner teilen", als „sehr wichtig" einstuften. Minderheiten unterstützen diese Position wiederum stärker als Weiße: 70 % der Weißen gegenüber 88 % der Hispanics und sogar 89 % der Schwarzen.

Die Unterschiede in den Einstellungen, die verschiedene Gruppen der Hispanics gegenüber einer Vielzahl von Problemen haben, sind genauso groß oder noch größer als die zwischen diesen Gruppen und den „Anglo"-Amerikanern. Eine Untersuchung von Louis DeSipio stellt fest, dass, während 42 % der Kubaner und 51 % der Anglos der Aussage zustimmten, dass US-Bürger im Gegensatz zu Nicht-Bürgern bevorzugt eingestellt werden sollten, 55 % der Puerto Ricaner und 54,7 % der Mexikaner dieselbe Meinung vertraten.

Quotierungen bei der Vergabe von Jobs und beim College-Zugang wurden nur von einer Minderheit in jeder dieser untersuchten Gruppen befürwortet, aber Kubaner unterschieden sich darin von den Mexikanern und Puerto Ricanern (um 14 %) mehr als gegenüber den Weißen (um 12 %).

Die Tatsache, dass mehrere Minoritäten keine gemeinsame Weltanschauung vertreten, die sie dazu veranlassen könnte, im Gleichschritt mit anderen Minoritäten auf ein neues Amerika zuzumarschieren (wie sich das einige Linke einbilden), wird auch in Wahlen bestätigt. Kubanische Amerikaner wählen gern republikanisch, während andere Amerikaner hispanischer Herkunft mit hoher Wahrscheinlichkeit demokratisch wählen. Von Amerikanern asiatischer Herkunft kann man auch nicht verlässlich sagen, ob sie bei der Wahl nach der einen oder anderen Seite tendieren. Von den wahlberechtigten Philippino-Amerikanern bezeichneten sich 40 % als Demokraten, 38 % als Republikaner und 17 % als unabhängig. Vietnamesische Amerikaner der ersten Generation sind mit Vorliebe Antikommunisten und unterstützen die republikanische Partei, während ältere japanische und chinesische Amerikaner häufiger den Demokraten angehören.

Wir begegnen der Zukunft oftmals zuerst in Kalifornien. In einer Wahl zum Landesparlament im Jahre 1991 in Los Angeles, wahrscheinlich einem Vorboten für viele andere Wahlen, kandidierten koreanische, philippinische und japanische Amerikaner und zersplitterten damit den so genannten asiatisch-amerikanischen Block. Dabei ließen sie sich nicht von der Tatsache abschrecken, dass sie damit den Wahlerfolg eines weißen Kandidaten garantierten.

Kandidaten unterschiedlicher Herkunft mögen einen kurzfristigen Sieg im Amerika des kommenden Jahrhunderts erringen, aber die Vorstellung, dass alle Minderheiten oder sogar die meisten Mitglieder irgendeiner Minderheit sich geschlossen hinter sie stellen werden, ist eine höchst unsichere Wette.

Obwohl die Afro-Amerikaner eindeutig die Gruppe darstellen, die die geringsten Gemeinsamkeiten mit anderen aufweist, gibt es in ihr eine wachsende schwarze Mittelklasse, deren Mitglieder vielfach ähnliche Lebensstile und Zielsetzungen von anderen Amerikanern der Mittelklasse übernommen haben. Wenn man alle Afro-Amerikaner zu einer Gruppe zusammenfasst, kommt man aufgrund der Befragungsdaten auch zu sehr in Versuchung, die Unterschiede überzubewerten, die sich zwischen Weißen und Schwarzen z. B. in ihrer Beurteilung des Strafprozesses gegen O. J. Simpson und anderer Fragen offenbaren, die unmittelbar rassische Probleme betreffen. Wenn es um grundlegende Wertvorstellungen der amerikanischen Weltanschauung geht, so werden sie von der überwältigenden Mehrheit der Schwarzen in hohem Maße akzeptiert. So fragte eine landesweite Erhebung im Jahre 1994: „Es ist ein grundlegender amerikanischer Glaubenssatz, dass du vorankommen, deine Ziele erreichen und mehr verdienen kannst, wenn du hart arbeitest." 67 % der Schwarzen antworteten: „Ja, das ist noch immer richtig", nur 10 % weniger als die Weißen. Die meisten Schwarzen, nämlich 77 %, gaben an, dass sie Chancengleichheit der Gleichheit der Ergebnisse vorziehen (im Vergleich zu 98 % der Weißen). Wenn es um die Frage geht: „Sehen sie sich eher traditionsverbunden oder altmodisch in solchen Fragen wie Sex, Moral, Familienleben und Religion oder nicht?" betrug der Unterschied zwischen Schwarzen und Weißen lediglich 5 %, und bei der Frage, ob es ihrer Ansicht nach in Amerika einen bedrohlichen Verfall der Werte gibt, sank die Differenz auf 1 %. Etwa der gleiche Prozentanteil Schwarzer und Weißer befürwortete entschieden einen ausgeglichenen Staatshaushalt, die Senkung der individuellen Einkommensteuern und die Reform des Gesundheitswesens. Die entsprechenden Prozentsätze liegen ebenfalls nahezu gleichauf bei den Antworten auf Fragen zur Abtreibung und zum Drogenmissbrauch.

In einer umfangreichen landesweiten Erhebung durch die Universität von Virginia haben James Davison Hunter und Carl Bowman herausgefunden, dass „die Mehrheit der Amerikaner sich nicht auf eine Politik der rassisch-ethnischen Identitäten einlässt – auf eine Politik, die behauptet, Meinungen seien hauptsächlich eine Folge rassischer, ethnischer oder geschlechtsspezifischer Identitäten oder von Identitäten, die auf sexuellen Neigungen beruhen". Obwohl es einige Meinungsunterschiede in speziellen Fragen und der politischen Programmatik gab, fand diese Studie mehr Ähnlichkeiten als Unterschiede heraus. Sogar bei einer solch kontrovers diskutierten Frage, in welche Richtung sich die rassischen und ethnischen Beziehungen entwickeln, waren die Übereinstimmungen auf beiden Seiten beträchtlich.

32 % der Schwarzen, 37 % der Hispanics und 40 % der Weißen empfinden diese Beziehungen als stabil; 36 %, 53 % und 44 % meinen, sie hätten sich verschlechtert. (Der Rest meint, sie hätten sich verbessert.) Das heißt, bei den meisten Fragen stimmten 4 von 5 Befragten (oder sogar mehr als das) miteinander überein, während diejenigen, die davon abweichende Ansichten vertraten, weniger als 20 % aller Amerikaner ausmachten. Es gibt also hier keine Mehrheit, die sich durch eine gemeinsame Antihaltung definiert.

Eine Gemeinschaft der Gemeinschaften

Dies alles bedeutet natürlich nicht, dass die zunehmende Vielfalt nur ein Phantom der überhitzten Phantasie einiger Linksliberaler und kleiner Gruppen politischer Führer ist. Andererseits bedeutet der Wandel in der amerikanischen Demographie nicht, dass die amerikanische Weltanschauung bereits jetzt oder in der Zukunft durch etwas wie einen „Multikulturalismus" ersetzt wird. Die amerikanische Weltanschauung hatte immer Platz für einen Pluralismus von Subkulturen, für Menschen, die einiges von den Traditionen und Werten ihrer Heimatländer bewahrten, angefangen vom Beten bis zum Spielen nach eigener Fasson. Aber dieser Pluralismus war, ist und muss ein von einem gemeinsamen Rahmenwerk zusammengehaltener Pluralismus bleiben, wenn man Amerika jene Art ethnischen Stammesdenkens ersparen will, das so unterschiedliche Länder wie Jugoslawien und Ruanda auseinanderbrechen lässt und das sein gefährliches Haupt sogar in solch fest gegründeten Demokratien wie Kanada und Großbritannien erhebt. Welche sozialen, kulturellen und gesetzlichen Elemente bilden das Rahmenwerk, das das vielgestaltige Mosaik zusammenhält? Eine Verpflichtung aller Parteien zur demokratischen Lebensform, zur Verfassung und ihrer Bill of Rights und zu gegenseitiger Toleranz. Dieser Rahmen wird weiterhin gestärkt durch die feste Überzeugung, dass die eigene Stellung im Leben von harter Arbeit und Sparsamkeit bestimmt wird, durch die Übernahme von Verantwortung für sich selbst und die eigene Familie. Hinzu kommt, dass die meisten Amerikaner die feste Überzeugung teilen, dass wir – obwohl in mancher Hinsicht verschieden – doch in überwiegendem Maße verbunden sind durch die gemeinsame Verpflichtung, für unsere Kinder und uns selbst eine gute Gesellschaft aufzubauen, ein Gemeinwesen frei von rassischen und ethnischen Konflikten, und der Welt ein Modell eines Landes zu liefern, dessen Wirtschaft und Politik gut gedeihen. Wir sind alle zwar auf ganz verschiedenen Schiffen hier angekommen, aber nun sitzen wir alle im selben Boot.

Kommentar:

Familienleben in Deutschland ist vielfältig, nicht zuletzt durch Familien, die aus anderen Ländern und Kulturkreisen stammen. Sie haben ganz unterschiedliche Erfahrungen aus der Migration, ihrer kulturellen Herkunft, ihrer Integration in die deutsche Gesellschaft, ihrem aufenthaltsrechtlichen Status, ihrer nationalen und ethnischen Zusammensetzung, ihrem Zusammenhalt und ihren Wanderungsoptionen. In Familien übernehmen Menschen Verantwortung füreinander. Sie erwerben Kenntnisse und Fähigkeiten, die ihr ganzes Leben prägen. Sie lernen Grenzen kennen und Konflikte auszutragen. Mit der Erziehung und Bildung von Kindern eröffnen und sichern Familien nachhaltig Lebenschancen. Familien leisten Alltagsbewältigung und Zukunftsvorsorge. Sie handeln selbständig, sind aber nicht autonom. Ihre Gestaltungsspielräume hängen von rechtlichen, wirtschaftlichen und lebensräumlichen Rahmenbedingungen ab.

Die Aufgabe ist sehr schwer, sich in einer anderen Kultur und in einer anderen Gesellschaft zurechtzufinden, eine Balance zu erreichen zwischen Bewahren der eigenen Identität und dem Aufnehmen und Gestalten neuer Möglichkeiten. Dabei erbringen diese Familien vorbildliche Solidarleistungen, wenn Kinder aufgezogen, kranke oder ältere Menschen, Pflege- oder Hilfsbedürftige versorgt werden, unabhängig davon, ob die Generationen unter einem Dach zusammen wohnen oder in erreichbarer Nähe leben – der anderswo verloren gegangene kommunitarische Ansatz ist hier ganz lebendig.

Alle Bürger müssen zur Kenntnis nehmen, dass unterschiedliche Vorstellungen darüber herrschen, was eine Familie ist, wer zu einer Familie gehört oder wie die Aufgaben in einer Familie verteilt sein sollen.

Integration ist ein gegenseitiger Prozess, der ungeahnte Entwicklungschancen auf allen Seiten eröffnet. Einseitige Assimilation ist abzulehnen. Gelungene Integration umfasst alle Lebensbereiche, vor allem der Wirtschaft, Bildung und Kultur. Die „Überfremdung" durch andere ist weniger zu fürchten, wenn gemeinsam geteilte Werte gefunden werden und von dieser Basis her unterschiedliche Vorstellungen ins Gespräch gebracht werden. Misslingt dies, wird wertvolles Lernpotential stranguliert oder verschleudert. Kommunitarier fordern, dass jede Bereitschaft zum „Heimisch-Werden" anerkannt und damit auch zum eigenen Vorteil derer gefördert wird, die schon heimisch sind.

Gegenseitiges Abschotten führt zur Blockade in allen Lebensbereichen. Dies zeigt sich im Zusammenleben mit Migranten ebenso wie bei der Begegnung von Ost- und Westdeutschen. An konkreten Beispielen wie der „Offenen Moschee" in Mannheim ist zu studieren, wie mit vielfältigen Verflechtungen zur städtischen Öffentlichkeit oder durch Angebote zur Identifikation in der religiösen Erziehung solche Barrieren abgebaut werden.

Über der authentischen Erzählung von Lebensgeschichten in Ost- und Westdeutschland kommt es zu gegenseitigem Verstehen auch anderer Einstellungen und Verhaltensweisen. Progressive Kommunitarier streben nicht Parallelgemeinschaften an, sondern bemühen sich um die gemeinsame Gestaltung von Orten zu neuer Orientierung für die eigene Lebensperspektive.

2 Woher die Werte nehmen?

Alle Menschen lieben offenbar ein geistiges Wesen, das uns mit Freude erfüllt, das uns auf eine höhere Ebene des Bewusstseins hebt und uns inspiriert. Aber ein solches Wesen besitzt einen Anflug von Eigensinn. Wir jedoch brauchen ein geistiges Wesen, das uns edler macht, als wir es sonst wären – unabhängig davon, ob uns dies mit Freude erfüllt oder nicht.

Ich habe vor kurzem das am häufigsten zitierte Werk meines ersten Lehrers der Soziologie, „Ich und Du" von Martin Buber*, wieder gelesen. Buber beschreibt darin Gott als ein Über-Ich und Über-Du, als eine Quelle großer Klarheit und Freude, als ein Meer, in das alle Flüsse der kleineren, dyadischen menschlichen Ichs und Dus münden. Er ist ein Gott der „metaphysischen Liebe", aber niemand, der Ansprüche an uns stellt.

Bubers Gott ist nicht die zornige Gottheit des Alten Testamentes, dessen treue Propheten die Menschen ständig davor warnen, Dinge zu tun, die Gott zuwider laufen. Er ist auch nicht der Gott des Neuen Testamentes, der seinen Sohn opferte, um den Menschen seine Liebe zu zeigen und damit die Menschheit von ihren Sünden zu erlösen. In Bubers Vorstellung ist die Beziehung des Einzelnen zu Gott zunächst und vor allem ein Ausdruck der Ich-Du-Beziehung. „Dass du Gott brauchst, mehr als alles, weißt du allzeit in deinem Herzen; aber nicht auch, dass Gott dich braucht", schreibt Buber in „Ich und Du".

An anderen Stellen beschreibt Buber den Ich-Gott als eine Art von Über-Ich-Du, als das absolute Ich-Du, während alle anderen Ich-Dus einen Hauch von Göttlichkeit besitzen. Die Beziehungs-Ströme treffen sich, so Buber, im ewigen Du und jedes einzelne Du ist ein flüchtiger Hauch davon. In mehr poetischer Form sagt Buber, dass die Beziehung zwischen dem Menschen und Gott nicht eine Beziehung unter anderen ist; es ist die grundlegende

---

* Martin Buber: Das dialogische Prinzip. Heidelberg 1973, S. 15, 83, 101 ff, 110, 113, 133

Beziehung, in die alle Ströme sich ergießen, ohne sich darin zu erschöpfen.

Höchst bedeutsam für mein kommunitarisches Anliegen ist es, dass Bubers Über-Du keine Forderungen an uns stellt, keine Mildtätigkeit für die Armen verlangt noch uns bedrängt, unsere Feinde zu lieben. Gott ist auf uns bezogen, wie wir auf ihn bezogen sind.

In der Tat bezieht sich Buber an einer Stelle auf unser Verhältnis zu Gott (und zu unseren Nächsten) als auf eines der metaphysischen Liebe, die Verantwortung des Ich für den Nächsten zur Folge hat und umgekehrt. Einige Leser haben hier eine Nähe Bubers zur christlichen Vorstellung der Liebe oder Agape erkennen wollen. Es ist aber hier wichtig festzuhalten, dass Buber betont, dass der Mensch nicht danach streben oder sich darum bemühen kann, eine Ich-Du-Beziehung zu erreichen. Er schreibt: „Das Du begegnet mir von Gnaden – durch Suchen wird es nicht gefunden." In seiner Erörterung des Gottesbegriffs stellt er fest, dass man Gott nicht finden kann, wenn man in der Welt verharrt, noch kann man Gott finden, wenn man die Welt hinter sich lässt. Wer sich mit seinem ganzen Dasein zu seinem Du hin aufmacht und dorthin alle Wesen der Welt mitnimmt, wird ihn finden, den man nicht suchen kann. Malcolm Diamond schreibt in seinem Buch „Martin Buber: Jewish Existentialist": „Man kann die Erfahrung einer Ich-Du-Begegnung ebenso wenig planen, wie man es planen kann, sich zu verlieben."

Dieses Thema ist denen vertraut, die andere Religionen studieren oder ihr angehören, in denen oft ein Spannungsverhältnis zwischen der Vorstellung besteht, dass wir uns darauf verlassen können, dass die Gnade Gottes uns zuteil wird, und der Vorstellung, dass wir erst dann in die Lage kommen, von Gott angenommen zu werden, nachdem wir uns bemüht haben, tugendhafter zu sein. Viele Religionen verknüpfen beide Vorstellungen, unterscheiden sich aber deutlich in der Betonung der beide Elemente. Im Rahmen dieses Kontinuums, im Übergang zwischen einer mehr passiven zu einer mehr aktiven Konzeption, steht Bubers Gottesbegriff deutlich dem mehr passiven Pol näher. Buber verwendet sehr wenige imperative Aussagen; keine Anweisungen wie „Liebe deinen Nächsten, wie auch du dich geliebt wünschst durch deinen Nächsten" oder vergleichbar deutliche Empfehlungen. In diesem Sinne steht Buber der protestantischen Auslegung der Tugend näher als der katholischen: Wir können zur Erkenntnis gelangen, dass wir die Auserwählten sind, aber wir können diesen Status nicht erreichen, indem wir uns bemühen, gute Menschen zu sein.

Obwohl Buber die Verantwortung für den Nächsten in „Ich und Du" kurz erwähnt und ihr eine äußerst rätselhafte Textstelle widmet*, bietet sie nur wenig moralische Orientierung. Er schließt sich hier vor allem den alten Kommunitariern an, insofern seine Orientierung kein Konzept bietet, die individuellen Rechte ins Gleichgewicht mit der Forderung nach sozialer Verantwortung zu bringen, und das ist eine Nagelprobe für die neuen oder auf Mitverantwortung ausgerichteten Kommunitarier.

Hierin scheint Buber durch die jüdische Tradition beeinflusst zu sein, die, wie auch der Islam, zwar die Verantwortung für andere, zum Beispiel für die Armen unter uns, betont, aber grundsätzlich nicht annimmt, dass die Anderen ein Recht hätten, um daraus Forderungen an uns abzuleiten. Buber bezieht sich, sehr untypisch für ihn, an einer Stelle auf das „Opfer". Aber diese Passage findet sich im Zusammenhang mit dem instrumentellen Bereich der Wirtschaft und der Politik, also dem Bereich des Es und nicht dem des erhabenen, hochgeschätzten Bereichs des Du.

Buber führt weiter aus, dass wir Beziehungen zu Gott, auf deren Basis wir ein echtes Wir herstellen können, nicht institutionalisieren dürfen. Institutionalisierte Religion kann zu einem Hindernis werden, während ein wahres Gebet unmittelbar und persönlich ist. Obwohl in der Welt des Menschlichen die Es-Welt eine legitime, tatsächlich wesentliche Rolle spielt, ist Gott reines Du. Aber ebenso wie das kleinere menschliche Ich-Du in die Ich-Es-Beziehungen hineingezogen wird und ständig behütet werden muss, so müssen wir Buber zufolge unsere Neigung erkennen, das göttliche Du immer wieder auf ein Es zurückzuführen, und Gott, wie es unserer Natur entspricht, in ein Ding zu verwandeln.

---

* Ebd. S. 161

Aber wenn wir diese Über-Beziehung (diese Verknüpfung mit einem göttlichen Wesen) hergestellt haben, dann ist das eine geheimnisvolle, über uns hinaus weisende Erfahrung einer unbeschreiblichen Freude, aber einer Freude, die keine äußere Orientierung oder Bestätigung unserer eigenen Werte bietet. „Werte" und oder gar der höhere Begriff „Tugenden" sind kein Bestandteil von Bubers grundlegendem Vokabular, wie er es in „Ich und Du" verwendet.

Dies ist ein Mangel, den ich nicht nur bei Buber erkenne. Hierin spiegelt sich die Abneigung einer von uns überwundenen Epoche, nur die Erfolge und das vorgefundene Gute zu betonen und zu verehren, aber keine moralischen Werturteile vorzunehmen, keine Forderungen zu stellen.

Ich wünschte, man könnte ein Gesellschaftssystem schaffen, das sich in dieser Weise verhält. Möglicherweise gelingt das eines Tages. Aber hier und heute und in absehbarer Zukunft wird ein solcher gütiger Geist die Schmerzen nicht lindern, die Hungernden nicht sättigen, eine gerechte soziale Ordnung nicht errichten und den Frieden nicht sichern.

Unsere Schwäche verlangt nach einem Geist, der nicht nur Freude und Erleuchtung bringt, sondern der uns auch auffordert, besser zu sein, als wir es sonst wären.

Kommentar:

Jede Religion oder Konfession stellt den Zusammenhang von Erleuchtung und davon bestimmtem Handeln in ihrer Weise dar und lässt dies vielfältig in die Erziehung einfließen.

Etzioni schließt an die Intention Bubers an, dem daran liegt, den Begriff der Verantwortung „aus dem Gebiet ... eines frei in der Luft schwebenden ‚Sollens' in das des gelebten Lebens zurückzuholen. Echte Verantwortung gibt es nur, wo es wirkliches Antworten gibt."*

Und eine Art von wirklichen Antworten gibt es dort, wo die Religionsgemeinschaften bei uns ihren Platz haben: in Fami-

* Martin Buber: Das dialogische Prinzip, Heidelberg 1973, S. 161

lie, Schule und Öffentlichkeit. Als Etzioni begann, konkrete politische Stellungnahmen abzugeben, die losgelöst von religiöser Ergriffenheit überzeugen wollen, konnte er sich allerdings nicht auf den religiösen Ansatz seines „Lehrers" Buber beschränken. Weil der Horizont religiöser Erfahrung offen ist, lässt er sich nicht restlos politisch verrechnen, wenn auch immer wieder versucht wird, die religiösen Bindungen politisch zu instrumentalisieren. Um so mehr bleibt es sinnvoll, auf einen Dialog zu setzen, in dem religiöse Gebräuche und Einrichtungen überzeugend vorgestellt und Erfahrungen so gut wie möglich vermittelt werden. Etzioni regt den Dialog an, indem er, was ihm unmittelbar evident scheint, engagiert vorträgt – und das als konkrete Aufforderungen.

Wer nicht nur von sich selber her denkt, sondern die anderen einbezieht, muss sich von dem liberalen Standpunkt lösen, wonach die Grenzen der eigenen Freiheit lediglich durch die der anderen bestimmt werden, sondern wird das Übergreifende suchen: das Gemeinwohl. Auch dieses darf nicht abstrakt bleiben, um dann womöglich totalitär zu werden. Wer dies vermeiden will, sucht Erfahrungen, Dialoge und Aktionen in konkreten Gemeinschaften – und stellt Forderungen!

3 Unterwegs zur guten Gesellschaft

Der Dritte Weg (zwischen Liberalismus und Konservatismus) wird häufig kritisiert, weil er verschwommen sei und wenig klare Konturen zeige. Wenn damit gemeint ist, er sei noch nicht fertig gestellt, zeige zwar die Richtung an, in die wir uns bewegen sollten, sei aber keine vollkommen ausgeprägte Doktrin oder ideologische Straßenkarte, dann hat man damit sicher Recht. Er ist kein bereits eröffneter Weg, sondern befindet sich noch im Bau. Das ist nämlich einer der Vorzüge des Dritten Weges im Vergleich zu den Doktrinen, die jede Facette unseres Lebens vorzuschreiben versuchten und uns deswegen im vergangenen Jahrhundert soviel Schwierigkeiten bereitet haben.

Aber wenn Kritiker meinen, der Dritte Weg sei inhaltlich nicht klar definiert oder ihm fehle der Wesenskern, dann haben sie Unrecht. Der Dritte Weg hält es für erwiesen, dass der Staat weder das Problem noch die Lösung ist, dass ungezügelte Märkte viel Schaden und Leid verursachen können und dass behutsam gezügelte Märkte kraftvolle Motoren des wirtschaftlichen Wachstums und der Beschäftigung sein können. Vor allem betont der Dritte Weg, dass eine Gesellschaft sich am besten auf drei Säulen stützen sollte: eine starke, aber „schlanke" Regierung; einen gut entwickelten, aber politisch begleiteten Markt („encapsulated market") und eine dynamische, Leben sprühende Gemeinschaft. Bisher haben alle Gesellschaften, die den Dritten Weg gewählt haben – obwohl sie sich darin unterscheiden, wie sie die Rolle des Staates und des Marktes miteinander verknüpfen – die dritte Säule vernachlässigt. Meiner Ansicht nach werden sie diese Säule stärken müssen, wenn sie in Zukunft größere Fortschritte machen wollen. Ich glaube, dass Gemeinschaften in den kommenden Jahren einen steigenden Anteil an Sozialleistungen werden schultern müssen, weil sie dies gegenüber der Allgemeinheit zu geringeren Kosten und mit größerer Menschlichkeit tun können als der Staat oder der Markt.

Was verstehe ich unter Gemeinschaften? In meinem Buch

„Der Dritte Weg zu einer guten Gesellschaft" (Micado-Verlag, Hamburg 2001) werden Gemeinschaften als Gruppen verstanden, die gemeinsame Bindungen aus Zuneigung (ähnlich denjenigen, die Mitglieder einer Großfamilie besitzen) und eine gemeinsame Moralkultur haben. In der Vergangenheit waren Gruppen weitgehend residentär, auf den Wohnort bezogen. Heute ist das häufig nicht so; sie können durchaus unabhängig von einer geographischen Basis existieren, weil sich Gemeinschaften heute auch im Cyberspace bilden. Gemeinschaften können im Rahmen des gemeinsamen Arbeitsgebietes entstehen (Ärzte in einem bestimmten Krankenhaus, das akademische Personal einer bestimmten Universität), auf Grund von rassischen oder ethnischen Bedingungen, im Rahmen sexueller Orientierungen oder gleichgesinnter politischer oder kultureller Anschauungen.

Ein zentrales Merkmal der Gemeinschaft ist Gegenseitigkeit. Eine gute Gesellschaft ist sogar noch in stärkerem Maße auf Gegenseitigkeit angewiesen als auf Freiwilligkeit – Menschen helfen einander grundsätzlich und nicht bloß denen, die es dringend brauchen. Wir erleben praktizierte Gegenseitigkeit z. B. in der Verbrechensprävention, bei der Kinderbetreuung, der Krankenpflege und der Betreuung von Trauernden. Gruppen, die sich gegenseitig helfen (kurioserweise nennt man sie oft Selbsthilfe-Gruppen), können eine gewichtige Rolle bei der Hilfe im Zusammenhang mit Krebserkrankungen, Ansteckungskrankheiten, Alkoholismus, Fettleibigkeit und vielem mehr spielen.

Gute Gemeinschaften haben zum Ziel, das zu stärken, was der Philosoph Martin Buber die „Ich-Du"-Beziehungen genannt hat: Menschen behandeln sich gegenseitig als Endzweck, nicht bloß als Instrumente; als ganzheitliche Wesen und nicht als Fragmente; als etwas Ähnliches wie eine Großfamilie und nicht nur als Arbeitnehmer, Händler, Verbraucher oder sogar als Mitbürger. Der Markt dagegen stärkt, was Buber als „Ich-Es"-Beziehungen bezeichnet hat. Die Beziehung zwischen Staat und Bürger tendiert auch dazu, zu einer rein instrumentellen zu werden.

Es gibt eine Fülle von Beweisen dafür, dass Menschen, die in Gemeinschaften leben, davon sowohl physisch als auch geistig profitieren. Folgt man einer Studie, dann „weisen sozial isoliert lebende Männer eine fast doppelt so hohe Mortalität bei kardiovaskulären Erkrankungen auf gegenüber denen, die in möglichst ausgedehnten sozialen Netzwerken leben". Wellsburg, in West Virginia, hatte 1988 besonders zahlreiche Fälle von Herzerkrankungen – 29 % über dem US-Durchschnitt. Dann beschloss die Gemeinde etwas dagegen zu tun, Wanderungen, gesundes Essen, Aerobic-Kurse usw. zu organisieren. Im Jahre 1996 war das kardiovaskuläre Gesundheitsprofil dieser Region eines der besten im Lande.

In ihrer vorbildlichen Untersuchung über die in Hochhaus-Apartments allein lebenden New Yorker, „Mental Health in the Metropolis", haben Leo Srole und seine Mitverfasser herausgefunden, dass 60 % der Bewohner in vorklinischer psychiatrischer Verfassung waren und 20 % psychisch geschädigt.

Starke Gemeinschaften haben niedrigere Jugendkriminalitätsraten, geringeren Drogen- und Alkoholmissbrauch und weniger Bedarf an öffentlich finanzierter Sozialfürsorge wie z. B. Betreuung von Kindern und Beratung von Trauernden. Praktisch sind alle Formen unsozialen Verhaltens vergleichsweise sehr wenig verbreitet in Mormonen-Gemeinschaften in Utah, orthodoxen jüdischen Gemeinschaften, bei schwarzen Muslimen in New York ebenso wie in Dörfern und Kleinstädten. Im Bezirk Tillamook, Oregon, arbeiteten sowohl religiöse wie nicht-religiöse Gruppen gemeinsam daran, die Schwangerschaftsrate bei Teenagern zu senken. Sie hatten Erfolg: sie fiel von 24 Schwangerschaften (bezogen auf 1000 Mädchen) im Jahre 1990 auf 7 im Jahre 1994. Dies sind nur einige der Beispiele, die meine Befürwortung von Gemeinschaften untermauern.

Wenn wir gutes soziales Verhalten fördern und die gegen die Gesellschaft gerichteten Handlungen zügeln wollen (gegen die Umwelt gerichtetes Handeln, häusliche Gewalt, das Vernachlässigen der Kinder, den Verkauf von Alkohol und Zigaretten an Kinder), dann täten wir gut daran, uns mehr auf die feinsinnigen und informellen Druckmittel der Gemeinschaft zu verlassen, wie etwa Zustimmung und Tadel, als auf staatliche Zwangsmaßnahmen. Eine Regierung des Dritten Weges sollte dem Drang widerstehen, gutes Verhalten gesetzlich einzufordern, weil die Gesetzgebung das moralische Gewissen einschläfert. Wir wissen aus der Geschichte des Scheidungsrechts und der Alkohol-Prohibition, dass das Gesetz oftmals eine zweckwidrige Behinderung sozialen Verhaltens ist.

Wie können wir Gemeinschaften ermutigen und erneuern? Wir können Anlässe für gesellschaftliche Zusammenkünfte schaffen – z. B. dadurch, dass wir Schulen für Gemeinschaftsversammlungen öffnen und Straßenfeste in der Nachbarschaft fördern. Wir können für eine begrenzte Zeit Organisatoren bestimmen, die dafür sorgen, dass sich Menschen zu Gruppen zusammenschließen. Wir können erkennen, dass Gemeinschaften sich hauptsächlich in öffentlichen Räumen bilden und verwirklichen, nicht in Autos oder Wohnungen. Wenn diese Räume unsicher geworden oder heruntergekommen sind, dann gehen die Gemeinschaften langsam ein. Daher sollten wir Sicherheit und Zugänglichkeit öffentlicher Räume erhöhen und die Investitionen in Spielplätze, verkehrsberuhigte Fahrbahnen, Fußgängerzonen, Parks und Marktplätze erhöhen. Ebenso können wir die Mitwirkung der Menschen bei kommunalen Entscheidungsprozessen verstärken. Welche Straßen sollten zu Fußgängerzonen umdefiniert werden und zu welchen Zeiten? Welche Öffnungszeiten sollten für den Park gelten? Wer sollte ihn nutzen? (Kinder? Hunde?) Wozu sollte er hauptsächlich dienen? (Zur Abhaltung öffentlicher Versammlungen? Zum Dialog mit der Natur?)

Wir müssen den Gemeinschaften auch gestatten, Gebühren zu erheben, Abgaben oder Steuern zu verlangen über die hinaus, die vom Staat erhoben werden. Wir sollten es begrüßen, wenn Eltern der Schule ihrer Kinder Dienstleistungen, Geld und Vermögen zukommen lassen, statt ihre Mittel in einen anonymen Topf zu werfen, aus dem alle Schulen sich bedienen können. Es ist ethisch betrachtet zu heroisch gedacht, von Menschen zu verlangen, für alle anderen ebenso viel zu tun wie für ihre eigene Gemeinschaft. Jedoch sollten wir auch Steuervorteile nutzen, um die reichen Gemeinschaften damit zu ermutigen, den bedürftigeren zu helfen.

Am allerwichtigsten ist es, die staatliche Politik darauf festzulegen, den Gemeinschaften verlässlich zu helfen, um zu überleben und zu wachsen, statt sich ihnen gegenüber abweisend zu verhalten. Lebendige Gemeinschaften brauchen Schulen, Postämter, Banken und Einkaufsläden. Zum Zweck der wirtschaftlichen und verwaltungsmäßigen Effizienz erscheint es sinnvoll, solche Dienstleistungen zusammenzulegen. Eine Gesellschaft des Dritten Weges würde zwar solche Überlegungen nicht unterbewerten, jedoch der sozialen Effizienz zumindest ein ebensolches Gewicht beimessen.

Kritiker geben zu bedenken, dass Gemeinschaften autoritär und suppressiv sein können. Und das sind sie auch oft gewesen. Ich behaupte auch nicht, dass man sich auf sie als auf die einzigen Hüter der Moral verlassen kann, wir brauchen nur daran zu denken, wie Nazi- oder Afrikaans-Gemeinschaften vermutlich eine 100 %ige Zustimmung bekommen könnten, Menschen allein wegen ihrer Rasse zu lynchen. Wir sollten Gemeinschaften nicht dulden, die Kinderarbeit oder (weibliche) Beschneidung zu praktizieren wünschen, oder solche, die Mädchen gegen ihren Willen in eine Ehe mit älteren Männern zwingen. Aber hier greift der Staat ein: zum Schutz der Grundrechte wie z. B. der Meinungsfreiheit oder Versammlungsfreiheit. Unkontrollierte Gemeinschaften sind nicht besser als unkontrollierte Märkte oder Regierungen. Ein Gleichgewicht der Kräfte ist das Herzstück des Dritten Weges. Wie die Medizin, wie Essen und Trinken sind auch Gemeinschaften „in vernünftigem Rahmen" unverzichtbar für ein gutes Leben, im Übermaß jedoch können sie Zerstörungen anrichten.

Der Staat behält sich weitere wichtige Funktionen vor. Der Dritte Weg umfasst als anvisiertes Ziel die Begrenzung der Sozialausgaben und die Überwindung einiger der schädlichen Nebenwirkungen, die die Sozialhilfe mit sich bringt. Aber wir haben (in den USA) nicht nur eine Schwächung des Sicherheitsnetzes erlebt, sondern man hat einigen Menschen die Sozialfürsorge ganz gestrichen.

In den USA und in Großbritannien wurden z. B. Hunderttausende von Patienten aus staatlichen psychiatrischen Kliniken entlassen mit der Annahme, sie würden in nicht existierenden Gemeinschaftszentren aufgefangen werden. Stattdessen landeten sie tatsächlich auf der Straße und bildeten einen Großteil der obdachlosen Bevölkerung. In beiden Ländern streicht man den Sozialhilfeempfängern jegliche Unterstützung, wenn sie nicht bestimmte Voraussetzungen erfüllen.

Solche Maßnahmen stehen nicht im Einklang mit dem Dritten Weg. In einer Gemeinschaft befindet sich die Verantwortlichkeit aller im Einklang mit der Verantwortung des Einzelnen gegenüber allen. Mit anderen Worten, eine Gemeinschaft hat die moralische Verpflichtung, dafür zu sorgen, dass niemand unmenschlich behandelt wird, dass jeder ein ausreichendes Existenzminimum („basic minimum") erhält. Freiwilligenverbände, Großfamilien, Freunde, genossenschaftliche Sparkassen und religiöse karitative Vereinigungen können einen Teil dieser Last tragen, aber sie können nicht die letzte Verantwortung dafür übernehmen, dass jeder zuverlässig eine Grundsicherung erhält. Dies liegt in der Verantwortung des Staates. Es kommt nicht darauf an, ob Menschen, die sich gesellschaftswidrig verhalten oder ihrer sozialen Verantwortung nicht nachkommen, dies aufgrund ihrer genetischen Veranlagung, ihrer Eltern, wegen des Gesellschaftssystems, aufgrund ihrer Erziehung oder wegen charakterlicher Mängel tun. Sie verdienen zumindest Unterkunft, Kleidung, Essen und elementare Gesundheitsversorgung, die wir ja sogar Kriegsgefangenen oder Haustieren gewähren.

Daraus folgt, dass niemand vollständig von der Sozialhilfe ausgeschlossen oder auf die Straße gesetzt werden darf, sogar dann nicht, wenn er sich weigert zu arbeiten, Unterricht zu besuchen oder gemeinnützigen Dienst zu tun. Die Zuwendungen an solche entschiedenen Faulenzer (was durchaus nicht alle sind) können sinnvollerweise gekürzt und bis auf eine kleine Summe nicht bar ausgezahlt werden. Aber in einer guten Gesellschaft ist es die Pflicht des Staates, dafür zu sorgen, dass niemand hungrig, obdachlos oder, im Falle einer Krankheit, medizinisch unversorgt bleibt. Es ist moralisch erniedrigend, schwächt die Psyche und ist politisch unklug, sie Derartiges erleiden zu lassen.

Die Gewährung einer Grundsicherung wird bei den meisten körperlich Gesunden die Motivation zu arbeiten nicht untergraben, zumindest solange Arbeit überhaupt vorhanden ist. Und wenn einige das System doch missbrauchen, dann sollte eine gute Gesellschaft dies als einen geringen Preis dafür ansehen, dass man jedem die elementare Menschenwürde zuerkennt.

Ebenso sollte jemand, der Arbeit sucht, nicht ohne Beschäftigung bleiben oder befürchten müssen, überhaupt keine Arbeit mehr zu finden. Der Staat sollte Arbeitsplätze im Bereich kommunaler Dienstleistungen für jene bereitstellen, die keine anderen finden. Arbeit ist nicht nur die beste Einkommensquelle für die Menschen, sondern auch ein wichtiger Faktor ihres Selbstwertgefühls. Bürger in den ehemaligen kommunistischen Ländern sehnen sich nach den Tagen zurück, als sie noch mit einem sicheren Einkommensminimum, wie dürftig auch immer, versorgt waren. Arbeiter in den USA verzichten gern auf Lohnsteigerungen und Zuschläge und ertragen sogar einige Kürzungen, nur um dadurch die Sicherheit ihres Arbeitsplatzes zu erhöhen.

Eine gute Gesellschaft kann nicht existieren, wenn das allgemeine Anwachsen des Wohlstands den Abstand zwischen den Eliten und dem Rest der Bevölkerung ständig vergrößert. Dies gilt auch dann, wenn auf die Armen tatsächlich einige Zuwendungen herabtröpfeln. Während wir durchaus noch darüber debattieren können, was die Gewährung sozialer Gerechtigkeit nun konkret bedeutet, besteht nur geringer Dissens darüber, was eine Gemeinschaft braucht. Wenn die Elite sowohl des privaten als auch des staatlichen Bereichs ein Leben im Mega-Überfluß führt – abgeschirmt innerhalb bewachter Grundstücke, unterwegs in chauffeur-gesteuerten Limousinen –, leben ihre Mitglieder nicht nur isoliert von der Moralkultur der Gemeinschaft, sie sind auch blind gegenüber der Lebenswirklichkeit ihrer Mitbürger. Daher neigen sie dazu, unrealistische politische Konzepte zu befürworten, und untergraben damit das Vertrauen in diejenigen, die die Unternehmen und Organisationen leiten, was am Ende zu weitreichenden Schäden an der Struktur der Gesellschaft führt.

Man argumentiert immer, dass der Staat beim Versuch Gleichheit bei den Ergebnissen der Arbeit herbeizuführen, Antrieb und Kreativität untergräbt, ungerecht gegenüber den Fleißigen handelt und die Arbeitskosten so hochtreibt, dass die Gesellschaft nicht mehr wettbewerbsfähig bleibt. Man hat die Chancengleichheit als einen sozialen Ausgleich gerühmt. Aber wenn es keine Vergleichbarkeit der Chancen gibt, gibt es auch keine Vergleichbarkeit des Erfolgs. Wenn alle gleiche Chancen haben sollen, müssen sie auch gleiche Startlöcher, gleiche Ausgangspositionen haben. Deswegen ist ein ausreichendes Existenzminimum so wichtig. Deswegen ist auch eine ausreichende Grundsicherung so ausschlaggebend. Kritiker meinen nun, dass dies die Unternehmen wegen zu hoher Kosten aus dem Markt verdrängt. Auch wenn dem so ist, so habe ich bereits dagegen gehalten und betont, dass die Gesellschaft dazu verpflichtet ist, ein Auskommen oberhalb der Armutsgrenze zu sichern, und dass die einzige Alternative gegenüber einem angemessenen Mindestlohn Sozialhilfezahlungen wären. Diese aber neigen dazu, die Menschen (moralisch) abzuwerten und bei ihnen Abhängigkeiten zu erzeugen. Politisch sind sie sogar noch weniger attraktiv als der Mindestlohn.

Am anderen Ende der gesellschaftlichen Skala würden Maßnahmen zur Dämpfung der Ungleichheit die Einführung progressiver Einkommensteuern bedeuten, ferner eine Art von Erbschaftssteuer und sowohl Steuern auf Kapital als auch auf Arbeitslohn. Die Schwierigkeit hierbei besteht darin, dass man nur mit solchen politischen Maßnahmen antreten kann, die nicht mit der Fähigkeit des Landes, international wettbewerbsfähig zu bleiben, in Konflikt geraten. Maßnahmen zur Dämpfung der Ungleichheit werden allerdings international miteinander in Einklang gebracht werden müssen.

Letztlich werden sich Politiker solchen Themen nicht in angemessener Weise zuwenden können, bevor nicht ein grundlegender Wandel in der Moralkultur und den Zielen, die die Gesellschaft beflügeln, stattgefunden hat. Ein weiter steigender Konsum materieller Güter ist keine verlässliche Quelle des Wohlergehens und der Zufriedenheit der Menschen, schon gar nicht die einer moralisch gesunden Gesellschaft.

Eine gute Gesellschaft würde erkennen, dass das Streben nach Wohlergehen durch ständig steigende Konsumniveaus eine Sisyphushaltung ist und dass genug eben genug ist. Sie würde auf die Erkenntnis setzen, dass wahre Zufriedenheit in menschlichen Bindungen liegt, im Aufbau von Gemeinschaften und im Dienst an der Gemeinschaft, im kulturellen und geistigen Streben, sobald für die grundlegenden leiblichen Bedürfnisse zuverlässig gesorgt ist. Der Kapitalismus hat nie danach getrachtet, die ganze Persönlichkeit des Menschen anzusprechen; im besten Fall behandelt er Menschen als wirtschaftlich verwertbare Wesen. Der Sozialismus unterdrückte die Menschen mehr als er sie inspirierte. Es ist eine Chance für die Gesellschaft des Dritten Weges, diesen entstandenen Freiraum auszufüllen.

Keines der schwerwiegenden Probleme, die die modernen Gesellschaften heimsuchen, wird man in angemessener Weise anpacken, bevor nicht diejenigen, deren Grundbedürfnisse genügend gesättigt sind, ihre Prioritäten auf der Skala der menschlichen Bedürfnisse weiter nach oben verlagern, nämlich hin zum Geben und Empfangen von Zuneigung, zur Entfaltung von Kultur, zum Dienst an der Gemeinschaft und zur geistigen Befriedigung. Wir brauchen einen Wandel in der Rangfolge der Prioritäten, um uns wieder in ein harmonisches Verhältnis zur Umwelt zu bringen, um die Bereitschaft der Menschen zu wecken, Wohlstand und Macht miteinander zu teilen, und die sozialen Grundlagen für Ich-Du- statt für Ich-Es-Beziehungen zu schaffen.

Demokratische Gesellschaften können solchen Wandel nicht per Gesetzgebung verwirklichen. Aber ihre Meinungsführer – ihre Intellektuellen, ihre Kommentatoren in den Medien, ihre Politiker, ihre Unternehmensführer – können dabei helfen, einen groß angelegten Dialog über unsere persönlichen und gemeinsamen Ziele in Gang zu setzen. Sie können auch beispielgebend sein: indem sie bei öffentlichen Ereignissen und Feierlichkeiten ihre Verschwendung mäßigen; indem sie nicht nur in die Oper, sondern auch mal in die Kneipe gehen; indem sie ein Glas Bier und ein Sandwich mit Arbeitern gemeinsam zu sich nehmen, statt sich auf feine Yuppie-Restaurants zu beschränken; indem sie jene ehren und feiern, deren Erfolge mit der guten und nicht mit der Überflußgesellschaft vereinbar sind. Letzten Endes geht ein solcher Paradigmenwechsel aus einem Wandel in den Herzen und Köpfen hervor, aus den Werthaltungen und Verhaltensweisen von uns allen. Wir werden auf dem Dritten Weg nicht weit vorwärts kommen, wenn solch ein Dialog nicht bald in Gang gesetzt wird.

Kommentar:

Hier arbeitet der Autor noch einmal seine Vorstellungen von Gemeinschaften heraus. Gleich zu Beginn grenzt er sich von jedem Versuch der Ideologisierung ab – der in unserer deutschen Überlieferung auch das Wort Gemeinschaft zum Opfer gefallen ist.

Das kommunitarische Stichwort von der Zivilgesellschaft ist in den letzten Jahren in die Sprache der europäischen Politiker eingegangen: Es will die staatliche Politik in einer Erweiterung des Subsidiaritätsprinzips darauf festlegen, dass sie den Gemeinschaften verlässlich zu überleben und zu wachsen helfen, statt sich ihnen gegenüber abweisend zu verhalten. Hier tritt der harte Kern der notwendigen Konfrontation mit einem totalitären Staatsverständnis zu Tage.

Den Schlüssel zum Verständnis dieses Konzepts liefert die Einsicht, dass individuelle Freiheit und bindende Ordnung, wenn sie in einem bestimmten Verhältnis stehen, einander nicht beeinträchtigen, sondern stärken.*

Der letzte Abschnitt stellt heraus, wie die Themen der Erziehung und persönlichen Entwicklung in den Zusammenhang der gesellschaftlichen Entwicklung gehören. Das Schlagwort vom „Dritten Weg" als dem Ausweg aus der Alternative zwischen Rechts und Links, liberal und egalitär stammt aus dem uralten Versuch, Extreme zu vermeiden, mittlere Wege oder Synthesen, auch „Hybridbildungen", zu finden. Diese lange Geschichte lässt sich bis auf die frühgriechische Philosophie zurückverfolgen. Sprichwörtlich ist der „Goldene Mittelweg", in

---

* A. Etzioni: Die Verantwortungsgesellschaft, Campus Verlag, Frankfurt/New York 1997, S. 64 f.: In dem Maße wie die Bewohner aufhören, einander Fremde zu sein, sich gegenseitig kennen lernen und in bestimmtem Umfang gemeinschaftliche Formen des Umgangs miteinander entwickeln, werden sie sich weniger isoliert fühlen. Das wiederum wird ihr Gefühl für sich selbst stärken und ihnen mithin eine gesichertere Form der Autonomie ermöglichen; und sie werden freiwillig in ihrem Handeln verantwortlicher sein – also etwa Parkplatzregelungen genauer einhalten oder gemeinschaftliche benutzte Räume sauberhalten.

der deutschen Philosophie war von „Synthese" die Rede, im Nachkriegsdeutschland war es die „Soziale Marktwirtschaft". Eine aktuelle Definition (Anthony Giddens) sagt, es sei „die links von der Mitte vertretene Wertorientierung".

Diese Sammlung geht von alltäglichen Erziehungsfragen aus. Etzioni hat jeweils klar Stellung bezogen. Unsere Kommentare wollen diesen Stellungnahmen nicht neue Positionen gegenüberstellen, sondern dem Leser Anregungen aus dem Diskussionszusammenhang bei uns im deutschsprachigen Raum geben.

Etzioni gab in seiner Paulskirchenrede 1998 – auf dem Höhepunkt der Bubis-Walser-Debatte – seine aktuelle Einschätzung der Lage in Deutschland und äußerte Vertrauen auf künftige friedenstiftende Beiträge in Europa – gerade auch von deutschen Menschen („Gandhiartig")*.

Jürgen Habermas meint, es sei gefährlich, sich auf Tugenden zu verlassen. Ihm ist entgegenzuhalten, dass es nicht weniger gefährlich ist, von den Kräften abzusehen, die eine „gute Gesellschaft" tragen können. Um sie zu wecken, bedarf es eines Wandels in den Herzen und Köpfen aus der Einsicht, dass jeder nicht nur sich selbst der Nächste ist.

---

* Zu finden in seinem Buch: Der dritte Weg zu einer guten Gesellschaft. Die Suche nach der neuen Mitte. Mikado Verlag, Hamburg 2001.

Drucknachweise

Werte

1 Which Values Matter Most? In: The Weekly Standard, 20. November 1995

2 Erasing our moral deficit. In: Philanthropy, Bd. 10, Heft 2, Frühjahr 1996

3 America needs secular redemption. In: Newsday, 19. Februar 2001

Familie

1 A Communitarian Position Paper on the Family. Siehe http://www.gwu.edu/~ccps

2 Give couples tools to make marriages last. In: USA Today, 18. November 1996

3 Marriage with no easy outs. In: The New York Times, 13. August 1997

4 Childless complainers don't know what they're missing. In: USA Today, 23. Oktober 2000

Medien

1 The family that beeps each other keeps each other – at a distance. In: The Philadelpia Inquirer, 27. Mai 1997

2 E-Communities build new ties, but ties that bind. In: The New York Times, 10. Februar 2000

3 Our frenetic electronic life. In: The Christian Science Monitor, 8. Mai 2000

4 Better than the V-Chip. In: Washington Times, 19. Februar 1996

Erziehung

1 On character education. In: The School Administrator, Mai 1998

2 How not to discuss character education. In: Phi Delta Kappan, Bd. 79, Heft 6, Februar 1998

3 School reform: A serious challenge for business. In: Challenge, Mai/Juni 1989

4 Education for intimacy. In: Intellectual Capital, 30. September 1999

5 Phys Ed! Siehe http://www.gwu.edu/~ccps

6 The truths we must face to curb youth violence. In: Education Week, 9. Juni 1999

7 Let teens bust cigarette sellers. In: Philadelphia Inquiry, Juni 1996

Perspektiven

1 A nation of minorities? In: Community College Journal, April/Mai 2000

2 A God that is more than loving. In: Tikkun, Bd. 14, Heft 1, Januar/ Februar 1999

3 The road to the good society. In: New Statesman, 15. Mai 2000

Bücher von Amitai Etzioni

Die faire Gesellschaft. Jenseits von Sozialismus und Kapitalismus, Fischer Verlag, Frankfurt 1996

Die Entdeckung des Gemeinwesens. Das Programm des Kommunitarismus, Fischer Verlag, Frankfurt 1998

Die Verantwortungsgesellschaft. Individualismus und Moral in der heutigen Demokratie, Campus Verlag, Frankfurt 1997

Martin Buber und die kommunitarische Idee. Wiener Vorlesungen, Picus Verlag, Wien 1999

Der dritte Weg zur guten Gesellschaft. Die Suche nach der neuen Mitte, Mikado Verlag, Hamburg 2001

Vom Herausgeber:

Hans Ulrich Nübel: Die neue Diakonie. Teilhabe statt Preisgabe, Lambertus Verlag, Freiburg 1994

Website des Deutschsprachigen Kommunitariernetzes:

http://www.dekomnetz.de

Leben mit Kindern

Gudrun Hennig
Kindern Geborgenheit geben
Was Eltern tun können
Band 5108

Die Kinderärztin und Therapeutin zeigt, wie Eltern die richtige Mitte zwischen Behüten und Fordern finden und ein gutes Umfeld schaffen können.

Jacqueline Sonego-Mettner
Jedes Kind hat einen Engel
Ein Inspirationsbuch für Eltern
Band 5116

Aufregend und anstrengend, beglückend und voller Sorge ist das Leben mit Kindern. Gut zu wissen, daß es da Schutzengel für so moderne Gefahren wie Hektik, Konsum oder das schlechte Gewissen gibt.

Maria Pfluger-Jakob
So entwickelt sich mein Kind
Vom Kleinkind bis zum Schulanfang
Band 5145

Welche Eigenheiten und Bedürfnisse zu welchem Alter gehören, wie ein Baby sich ausdrückt und was ein Kleinkind schon alles kann – ein wichtiges Begleitbuch für Eltern.

Patricia H. Berne/Louis M.Savary
Kinder brauchen Selbstvertrauen
Tipps und Ratschläge für Eltern
Band 5138

Mit Selbstvertrauen lassen sich die vielen Aufgaben des Lebens meistern. Die Autoren zeigen, wie man Kinder oft mit „Kleinigkeiten" unterstützen kann.